U0060481

思想觀念的帶動者

文化現象的觀察者

本土經驗的整理者

生命故事的關懷者

Psychotherapy

探訪幽微的心靈，如同潛越曲折逶迤的河流
面對無法預期的彎道或風景，時而煙波浩渺，時而萬壑爭流
留下無數廓清、洗滌或抉擇的痕跡
只為尋獲真實自我的洞天福地

Robert D. Stolorow | George E. Atwood
羅伯・史托羅洛 | 喬治・艾特伍

精神分析與存在哲學的深度反思

現象學的力量

THE POWER OF
PHENOMENOLOGY

Psychoanalytic
and Philosophical Perspectives

李維倫、翁士恆——審閱　翁士恆、葉秉憲——譯

目次

各界讚譽推薦

　　《現象學的力量：精神分析與存在哲學的深度反思》是兩位臨床工作者以存在主義式的「血」和「淚」的親身投入，結合自己的臨床經驗提煉，所撰寫的一部如何在臨床中反思、如何運用現象學的力量，來協助病患接觸到他們自己，讓他們的生命在這個充滿無常且有痛苦的世間，找到自己生存於世的詩意棲居的主體性。對心理諮商與治療的從業人員來說，這都是一部值得閱讀且引發思考的臨床心理治療傑出作品。

徐鈞

南嘉心理諮詢中心創始人、國際自體心理學會會員

　　有將近半個世紀的合作情誼為基礎，喬治・艾特伍德和羅伯・史托羅洛持續在精神分析現象學的領域中拓荒前行。借助他們豐富的專業知識與個案歷史，作者們不僅闡釋了心理病理學在互為主體性的意義，還明確指出──只有將苦難經驗置於生活世界的脈絡之中，我們才能真正理解人類之受苦。這本書對於任何在現象學、精神分析和精神病學的交疊領域工作的人來說，都是一本必讀之作。

凱文・阿和（Kevin Aho）

佛羅里達谷弗灣區大學哲學系教授暨系主任

《存在醫藥：健康與疾病》

（*Existential Medicine: Essays on Health and Illness*）論文期刊主編

《現象學的力量》展示了史托羅洛和艾特伍這五十年經驗的著作深度和範圍。他們細緻地將其對話結合討論的獨特性，使這本書蘊含了豐富的寶藏。史托羅洛和艾特伍展示了如何結合精神分析和現象學理解以豐厚我們的經驗。他們在創傷和瘋狂、主體性和連結人類存有的論述，證明了他們想法的落實，也奠基了他們在當代精神分析演變中的關鍵地位。

羅傑‧弗里博士與心理治療博士

（Roger Frie, PhD, PsyD, Professor）

西蒙弗雷索大學暨英屬歌倫比亞大學教授

《精神分析、自我與脈絡》期刊（*Psychoanalysis, Self and Conte*xt）

協同主編

透過本書章節中結合了研究成果、對話、批判性思考、個人專業經驗分享，以及卓越的推測性分析與洞察，作者們寫下精神分析和哲學交疊的領域裡，迫切需要且極度真實的重要著作。

蘇珊‧克拉克斯頓（Susanne Claxton）

《史普林格自然》（*Springer Nature*）期刊

【推薦序】情感現象學作為臨床心理學

　　這本書很深入且豐富地將實務的精神分析和理論的現象學連結在一起，是一本不可多得的好書。

　　兩位作者在上大學前都涉獵了哲學，也著迷於哲學，且都在進入醫學院後，因對生理學、解剖學不感興趣，而轉向臨床心理學。作為心理治療師的他們都曾經歷童年時期的創傷與剝奪：一位是自己曾扮演照顧憂鬱與受心理困擾的父母的角色，另一位則曾扮演因失去摯愛的父母並透過模仿父母來修復破碎聯繫的角色。他們也先後在晚年階段經歷到喪妻、喪女，或愛妻重病的悲劇性失落情緒。他們這麼地休戚與共、又有著共同的研究興趣，且在長久友誼與彼此陪伴之下，一起對於精神分析的後設心理學——以驅力的動機至上原則與二元論的形上學為基礎——進行批判，進而走向臨床理論。他們也一致將他們共同的努力與臨床理論定位為情感現象學，同時將自己所切身感受的悲劇納入其內，並視情感經驗為依存於生存脈絡而只具有限、短暫、變動不居的特性。

　　本書除了將後設心理學，以及將建立於後設心理學、以DSM來診斷精神疾病歸為由笛卡兒所開展的形上學二元論外，兩位作者也從而理解到醫療診斷的術語其實嵌入在笛卡兒式的客觀化世界觀之中，並將DSM對於症狀的分類歸為維根斯坦所觀察到的現象，亦即人們往往在「知覺本質的錯覺」之下，以一個字詞來意指一系列具有「家族相似性」的項目，而這個堅實字詞

所具有的固定意涵與普世意義，卻是基於企圖遠離變動不居、常致人於焦慮的感知而營造出的「形上學幻覺」。又，本書進而指出，後設心理學以心物二元的形上學為預設，忽略了臨床心理學所重視的脈絡性，即心理的情感必須在與周遭世界的脈絡中呈現出來；作者將脈絡化首先歸為胡賽爾現象學探索的「意識經驗在得以形成反思前的、具組織性的描述」，但鑑於精神分析的基礎，現象學家就「想要找到可以說清楚個人經驗世界如何在無意識中組織起來的原則」。而針對脈絡化，本書更以胡賽爾現象學的「互為主體性」為依據，並擴展到「病人與分析師之間各具相異組織的主體世界的互動」，進而延伸至臨床現象，包括精神症狀、夢境、阻抗、移情等等被理解為互為主體的脈絡所構成的各種型態。

由於本書特別強調在生存脈絡中呈現的情感體驗，故海德格之強調「此在」的「在世存有」的現象學就成了這思想背後的重要支柱，「為精神分析現象學脈絡主義提供了穩固的哲學基礎」。值得注意的更是，書中借用馬修‧拉特克利夫（Matthew Ratcliffe）從海德格的「可能性」概念去關注「可能性」樣態的喪失或消逝，但對於他曾將「存在性希望」的失落連接到 DSM 所歸為「憂鬱症」的診斷類別，本書卻也抱持著些許疑慮。

作者提到受到海德格影響的精神分析家賓斯萬格和博斯，並提及由於他們或是將海德格已做好的存在分析應用到臨床與治療的處境，或是欲藉之解除非人性化的因果—機轉假設，但皆僅循著一種「由上而下」的歷程，而不能使精神分析往情感現象學的方向去轉變。故本書採取的是一種「由下而上」的歷程，因真正的臨床心理學是從病人與分析師本來各具的「在世存有」之間互

動——這是在前意識意向性的或無意識的階段——組織起來所構成的心理現象。

作為臨床心理治療師，兩位作者將情感現象學理論體現在一些臨床實務中，這主要顯示在第二、三章所舉出的實例。這些體現與實例不但開啟了本書的理論闡釋，也可讓讀者回過頭來去驗證理論。例如宣稱與耶穌性交而據 DSM 被診斷為妄想型思覺失調的葛瑞絲，是由於父親自殺、母親憂鬱，於是她自己在祈禱中與耶穌建立了特殊的關係。她以為可將此關係中神聖的愛傳遞與填補自身與他人處於悲劇中的空虛；且她雖將此關係作為一種使命，卻在當中浮現了性慾的念頭。面對此個案的喬治‧艾特伍被當時的督導建議在她的世界裡建立起一個具體的身體性存在，以維持對她的影響力、促進她穩定現實感的關係形式，並藉由愛領她走向復原，但其中艾特伍也意識到自己的人生圖像有著類似的過去，他也重回到那個悲傷的過去。這個案例應證了病人與分析師之間各自世界的互動脈絡化構成了情感現象的型態。

在以上所勾勒的全書大意之餘，我們見到作者旁涉了許多哲學家與精神分析家，讓本書的問題性延伸開來許多，這尤其針對「形上學幻覺」的批評方面，其中包括提到狄爾泰認為：形上學的幻覺是將人類生命無法承受的脆弱與短暫化為持續性與永恆性；本書亦指出形上學幻想的起源問題激發了呂格爾的哲學思考，同時強調漢娜‧鄂蘭對極權主義的研究是揭發形上學幻想的另一版本……。惟本書雖然深受海德格對傳統本體論概念「解構」的啟發，卻批評海德格晚期轉向形上學實在性，這歸於他在接受納粹思想與視野之下，產生了對於「存有自身」的夢想；本書也不乏對於美國現況的評論，作者以美國在九一一事件之後為

例，批判美國透過九一一，將安全與不可侵犯的集體幻想復活在對於世界恐怖主義的宣戰上面。

我們續發覺，作者重視作為現象學脈絡主義前身的尼采，同時也循著尼采的「透視主義」、循著以交流對話與視域融合為思想核心的伽達默、循著以語言是對於世界的建構，而非僅指涉世界中已被形塑的客體的泰勒進行反思與辯論⋯⋯。本書涵蓋之廣，讓讀者能以豐厚的視野去理解現象學精神分析建立於「由下而上」的情感體驗脈絡化之中。

汪文聖

國立政治大學哲學系退休暨兼任教授

寫於二〇二三年六月十日於政大達賢圖書館學人研究室

【審閱序】倫理療癒──現象學的同頻共感

　　兩年多前在一次線上會議與史托羅洛博士討論本書時，我曾直接詢問他的意圖是否是以存在現象學來理解與改寫精神分析的洞見，他說這正是他的用意。在這樣的一條路上，本書可說是兩位作者長期探索的集大成之作，讓我們可以對作者倡議的精神分析現象學（psychoanalytic phenomenology）有一個整體的理解。

　　對兩位作者來說，雖然精神分析洞察到創傷與受苦的心理經驗源自一個人早年失落的、忽視的、冷漠的甚至是虐待性的成長過程，但卻在笛卡兒心物二元論的影響下，將種種令人困擾的情緒樣態視為內在心靈的病徵。因此，所謂的現象學改寫，其根本就在於「讓精神分析思考從驅力作為根本動機轉向情感作為根本動機，從而使精神分析朝向現象學脈絡論並聚焦在互為主體系統的動態運作」（第四章）。這就是從心靈與世界的二元分立，轉向在世存有（Being-in-the-world）的存在整體性。在本書中我們可以看到，兩位作者的如此主張，並不是來自純哲學思辨，而是根源於其臨床經驗。對他們來說，海德格的存在現象學不但為其臨床經驗提供了相應的存有論基礎，他在《存有與時間》[1]中的存在分析更給出了人之經驗形成的構成性結構，支持了他們對人類極端受苦經驗的探究。

　　上述的臨床思考工作讓作者獲得了這樣的理解：所有的情緒

1　Heidegger, M. (1927). *Being and Time*, trans. J. Macquarrie and E. Robinson. New York: Harper and Rowe, 1962.

痛苦都是鑲嵌在互為主體的人際脈絡中，而這正共鳴於台灣現象學心理學學者在台灣本土心理療癒現象中的發現：受苦總是倫理的受苦；意即心理苦痛的根本在於人無法在周遭的人情理路中獲得通暢的連結 [2]。如此一來，「心理治療做為受苦者的療癒，其本質也就顯現為受苦者得以安身立命的再倫理化（re-ordering）的行動」[3]，也就是本書中所描述的「關係之家」（relational home）的獲得。

　　現象學思考的特點之一就是對實在論形上學保持距離，也就是不將自我、心智、情緒以及心理病理等經驗實際化（reify）為某種實體般的存在。本書從第六章到第九章都關注在語言如何將我們的經驗逐步推向實體化的幻覺，以及人們如何渴望著實體化的形上學保證，以對抗生命無可避免的有限性與短暫性。不過，這樣的形上學衝動與實體幻覺信仰卻讓情緒受苦者陷入物化的深淵。

　　這一部分的論述除了提醒讀者也是作者的自我提醒，比笛卡兒主義更根本的是人類對存在不安的逃避，因此要脫離心物二元實在論遠比想像中的困難。作者的自我反省是：把構成性的互為主體脈絡（constitutive intersubjective context）視為人類經驗的必然來源時，是否已經把自己的觀點放大成為普遍性的形上真理？我認為，這個問題其實是對人類本源之探問與言說所必然會碰到的，是一個詮釋學問題。在這一點上，我建議讀者可以在閱讀之餘與作者對話，提出自己的思考。雖然在第八章作者曾引佛

2　余德慧、李維倫、林耀盛、余安邦、陳淑惠、許敏桃、謝碧玲、石世明（2004）。〈倫理療癒作為建構臨床心理學本土化的起點〉。《本土心理學研究》，22期，253-325。

3　李維倫（2004）。〈作為倫理行動的心理治療〉。《本土心理學研究》，22期，359-420。頁363。

教偈語：「人生中唯一不變的常態就是無常」，來嘗試回答這個詰難，但並沒有充分展開。或許讀者可以就佛教經典《大乘起信論》中的「以一切言說，假名無實，但隨妄念，不可得故；言真如者，亦無有相」，來回應這個本源思考的問題。

　　本書包含了許多心理治療的臨床描述與討論，顯示出存在現象學心理治療的深刻作為以及治療師的承諾與承擔，值得讀者細細品嚐。在我看來，很多投入心理治療工作的人並沒有體會到心理治療師的責任、承擔與承諾。我因此建議所有已經在，或考慮投身心理治療領域的讀者可以用這本書來對照自己所知的心理治療工作，並明白治療師這項志業的要求與承諾。

　　雖然我完全認同治療中與病人同頻共感（attunement）之「情緒棲居」（emotional dwelling）的核心重要性，但我倒不完全同意本書所說的「必定見血」。其實書中就有一個相反的例子，就是第二章中所記載的，作者之一艾特伍的博士後臨床督導奧斯汀・戴斯・勞瑞爾（Austin Des Lauriers）所給予的治療理解與作法。當我讀到艾特伍描述這位督導忽視病人所有的妄想而要他去讚美病人的球鞋，跟她一起梳頭時，我不禁笑了出來！這完全顯示了戴斯・勞瑞爾在現象學上的素養以及對治療現場的深刻理解！經驗發生之處不只在病人的發展脈絡，也在治療現場的當下，而存在現象學取向的心理治療可以善用所有可能性來促發生命經驗的流動。[4]

　　本書奠基於作者深厚的精神分析與現象學臨床經驗，其主張之情緒痛苦的互為主體系統脈絡鑲嵌性（the contextual

4　　請讀者參見：李維倫（2022）。《存在催眠治療》。台北市：心靈工坊。

embeddedness in intersubjective-systems），卻正好相應了台灣學界「倫理療癒」的見解。這不但顯示了國內外現象學心理治療學界的同頻共感，也讓讀者有機會在閱讀這本書的時候跟國內學者的治療論述相互參照，增添一種對比與對話的樂趣。

李維倫

政治大學哲學系教授兼文學院副院長

美國杜肯大學臨床心理學博士

著有《存在催眠治療》一書

【翻譯暨審閱序】朝向涵容彼此的空間： 彼此的「關係之家」

　　如果對歐陸的人文現象學哲學感興趣，又想要瞭解人文主義與現象學如何運用在心理治療之中，這本書提供了最簡明的路徑，它直面了治療師所見的受苦原貌。

　　看見「原貌」是困難的，因為當我們看到一個人生病，會打開一條冰冷的知識之路：是什麼病？這個病的原因為何？和什麼生活作息相關？會遺傳嗎？有藥物嗎？該怎麼用藥才能將病治好？人類心智化的「啟蒙」歷程，擺脫了自我最原始的本來面目，以便進入現實的理性世界。但人類也因此開始被現實原則所支配，關閉了某些早期的、最原始的、與他人連結的通道，為的是用最適當而圓融入世的姿態成為一個人。

　　但同時，人類也關閉了看見受苦的眼光，而且要非常努力撥除那染了世俗智慧的眼鏡，才能從受苦的經歷中照見彼此。

　　如何凝視受苦？在台灣的人文心理學領域中有著特殊的進展：余德慧老師從傳統心理學「出走」的過程中，反而進入了受苦現象中語言所無法盡述的幽晦無明裡，從經驗的本質開始探究心理學的原貌；那不是神經生理的病理機制，也不需放入腦部結構豐富的科學演繹、更無需套入心理學實驗的研究成果，而是從其本質、從面對面相覷的瞬間開始，以「人」之本知理解他者之「人性」。台灣特殊的人文進展也影響著一線的助人工作場域，從遭逢的倫理性穿透疾病的表象，看到受苦者的面容，與苦共

在。

　　這本書與台灣的人文心理學場域有著特殊的緣分，本書的作者史托羅洛和中文版另一審訂者李維倫老師曾有過短暫的對話，多年後，史托羅洛另一本著作《體驗的世界》中文發行前，維倫與我的學生葉秉憲和我討論著《現象學的力量》這本書的內容與我們的人文取向竟如此相近。而後《體驗的世界》中文版發行，秉憲與我透過心靈工坊，決定翻譯這本與台灣本土人文臨床與療癒的視角可交相對話的書籍。於是我們各自在自己的工作場域，以自己的臨床經驗、也以我們在心理治療第一線投身實踐的語言，透過翻譯的行動與本書作者們在一個特別時空中對話著。這也有著特別的傳承意義，我好像見證了台灣的人文臨床與療癒的理解眼光，也正在延續著。

　　而我也必須說，翻譯這本哲學性濃厚的書籍仍有相當的難度。我們走走停停地追上翻譯進度，也來來回回地從自己臨床經驗的記憶深處尋覓可以合切使用的語言；我們一邊透過心理治療實踐一邊藉由省思完成了最初的譯本，懇切地願這本書能降低人文哲學的晦暗性。而後，譯本有李維倫老師審訂，將中文譯本的工作以更精確的樣貌呈現，這段過程包括著來來回回的校定與對話。我相信，對於歐陸哲學與人文心理學有興趣的讀者，可以透過這本書一窺將哲學應用在助人工作的可能；而一線的助人工作者，應可感受到深刻的呼應與同理的強大衝擊。

　　在這本書即將出版的同時，我也正與一群歷經家庭暴力的兒童辛苦工作著，或者，更精確地來說，正在他們的創傷世界裡辛苦地定位自己並尋找出路。十歲的大孩子在我的面前失去了語言，像是小嬰兒一樣地在地上匍匐，用身體感受著所有接觸產生

的摩擦；當呼喚他時，他會以一個滑稽但痛苦的臉孔看著我，發出了小動物般的鳴叫，然後繼續著他與世界的摩擦。這時，我並不是在治療室中，那麼我在哪裡？孩子，你現在又在哪裡？你在看的人是誰？他對你做了什麼？你為什麼把我帶到這裡？我要怎麼帶你離開？心理治療開啟了一個又一個的困頓時空，我總是經歷著挫敗與困頓，因為要帶孩子走出那個創傷的風景，好難！

　　這本書以「關係之家」（relational home）的概念呼應著我每日所面對的困難處境。書中提到，我們與個案棲居在同樣的情感世界之中、我們在同樣的有限性裡。而「有限性」就是我們所有疾病與受苦的根源，而創傷與復原的歷程都拓展了我們對於有限性的覺知。要修復創傷粉碎所引起的情緒痛苦並得以整合，或是繼續保持創傷的粉碎狀態，這端賴我們是否能同個案找到能夠容納彼此關係的空間、我們稱之為「家」的原始空間。

　　我想，這就是我們想說的，也是翻譯這本書最大的價值。透過人文哲學與現象學的思考，心理治療可以為關係與受苦經驗找到一個「家」；而透過心理治療，人文哲學與現象學可以從形上學落地，成為豐厚彼此的凝視眼光，讓我們即便身處歷經挫折的世界，也能再次透過情感將這個世界看待成「家」。這也代表著我們共同的願望：以我們的有限朝向共同理解的終極可能。

翁士恆

台北市立大學心理與諮商學系

【譯者序】存在不必然孤獨：使共生成為可能

　　現象學研究立基於作者對於自身或他人經驗的詮釋，經常挪用其他領域的詞彙，甚至是創造新詞，以此來貼近作者無法以語言清晰描繪的經驗。這樣的寫作方式讓現象學研究者產生許多開創性的論述，但也同時使得這個文字與一般讀者產生了距離感。不止抽象拗口，這看起來也像是自說自話一般，違背了現代化社會尋求普同性原則的價值觀。因此就算讀者本身能夠理解，甚至產生了共感，但在以實證科學為主的時代，這樣的論述還是不容易被拿上檯面進行跨領域的討論，進而影響公共事務。

　　精神分析同樣面臨相似的處境，自佛洛伊德以來，雖然其知識建構的基礎毫無疑問是來自於臨床現場的觀察，但除了資料蒐集的來源之外，對於知識是如何產出的，並沒有明確的程序或方法論以供檢驗。讓精神分析在近代的心理學領域裡，因為不具備嚴謹的科學程序，而被視為存在於歷史中，或是淘汰的研究方法。但在心理治療的實務現場中，高舉著精神分析大旗，或聲稱自己受精神分析理論影響的治療師並不在少數。這落差顯示出，雖然在科學心理學的視野中，精神分析已經過去，但在治療的現場，精神分析仍然舉足輕重。相較於學術研究人員重視程序與理性，臨床工作者更在乎的是理論如何有效的協助治療關係前進，也就是來到治療師面前當事者的困境如何得到舒緩（被有效聆聽）。這有時候的確不是理性的，甚至是無法掌握的。即是，治療師在談話裡，並不能夠十足把握字詞帶來的意涵。關於這個

經驗,以現象學的觀點來說,可以說是來訪者的故事以及治療師的語言都是給出對方的示現,等待被詮釋;以精神分析的語言來說,這是雙方無法完全掌握各自的潛意識內容,在治療關係中以潛意識溝通前進著。無論一個理論家如何去詮釋自己所經驗過的現場,現場總是毫無立場的持續發生著。

回到我自己身為治療師的經驗,這些年下來累積的心理治療現場經驗,讓我回過頭來思考這些理論時,感受到不同理論學派之間面對的其實是同樣不可知的現場,無常人生中的相似困境。不同的理論詮釋,差異來自於理論家自身的生命經驗,與他們各自突破困境的獨特經驗。如同本書提及艾特伍醫生在開設「瘋狂與開創性才華」(Madness and Creative Genius)這一門課數十年之後所得結論,他指出後笛卡兒哲學家的思想,是建立在他們內在的痛苦和掙扎,而後透過智性努力整合自身的過程。這樣的說法指出了一個淒美的畫面,但也同時讓我們必須思考,如果我們對於在世存有的困境,都必然以「各自為政」的姿態奮鬥,那人與人之間的共存與扶持又是如何存在的?人與人之間是否必然如此孤立地存在著?

身在心理治療師這個位置上,職責就在橋接起一個又一個孤獨心靈所蘊含的精神能量;當心靈的人際網絡因著治療師的出現而被拉起第一條線路,進而在生活中架設一張具有彈性的網時,才能接住被拋擲而來的人生苦痛。當我這樣想的時候,腦海中就浮現了《神隱少女》中有著六隻手的鍋爐爺爺,在炎熱的鍋爐室裡繁忙地供給熱能給需要的人,總是願意伸出手來協助,但也同時明白任何事物永遠都有代價。而我們真的能夠一直以肉身作為代價嗎?孤獨卻又需要抵抗孤獨真的是我們存在的本質嗎?

　　史托羅洛與艾特伍在本書中挑戰了深植在現代人心靈結構中的笛卡兒哲學，直面人類是否孤獨的本質。因為我們深信「我、你與他」確實分別存在著，這帶來了獨立思考與自由，但在反面則帶來了競爭意識與孤獨。「我們」本來就存在的這個現象，卻在近代興起了思考「共生」概念的弔詭，揭示著離開本位的思考對現代人來說是一種費力的運動。兩位作者透過反思自己的生命經驗、整理思想上與哲學家們的相遇乃至於兩位治療師之間的直接對話，陳述他們對於「關係」的思想歷程。在書寫的結構上，兩位作者在篇章中交錯陳述所思與文末的直接對話展示了互為主體性的實踐。他們帶著精神分析式的聆聽與現象學式的縝密思緒，透過彼此的生命、思想和關懷去理解「關係」，並以此為基礎去探索「治療關係」如何成為「互為主體」的可能。

葉秉憲
臨床心理師

前言

　　這本書的雛形開始於我們發現有一個主題，其像紅線一般地把我們兩個人執業半世紀以來的一連串合作串連起來，那即是在廣泛的脈絡中，現象學的廣泛探問和理解所展現出的力量。在治療工作中，我們體驗到現象學的力量，尤其是與掙扎於讓人恐懼之創傷議題的病人工作時、在我們與心理學和哲學理論相遇時，以及在我們努力地理解集體創傷如何導致破壞性意識形態的過程時，我們也共同體驗到現象學的力量。而這本書呈現了我們這些工作歷程的軌跡。

　　每一個章節開頭都有一篇投稿文章，可能是我們其中一人執筆，也可能是我們共的同撰寫。我們在不同的情境脈絡中，延展現象學探問所帶來的力量。在這些文章之後，會有一到兩段我們兩人彼此的對話，試著呈現出我們兩人長久合作以來的辯證歷程。我們希望這個特別、少見的形式，會在我們共同的努力之下，幫助讀者把現象學帶進生活。

　　在十二篇文章中，有十篇是已經發表過的文章。第一章原本發表於《精神分析回顧》（*The Psychoanalytic Review*, 2016, 103, 291–316）。第三章、第四章和第十章發表於《精神分析對話》（*Psychoanalytic Dialogues*, 2013, 23, 383–389; 2015, 25, 137–152; 2016, 26, 102–107）並且由泰勒與法蘭西斯出版集團（Taylor & Francis, LLC）再次出版。第五章則被收錄在《存在醫學》（*Existential Medicine*, ed. K. Aho, 2018, Rowman and Littlefield International,

17–25）一書中。第六章出現在《語言與精神分析》（*Language and Psychoanalysis*, 2017, 6, 4–9）。第七章首先被收錄在《國際精神分析式自體心理學期刊》（*International Journal of Psychoanalytic Self Psychology*, 2016, 11, 183–187），接著被泰勒與法蘭西斯出版集團（Taylor & Francis, LLC）再次出版。第八章刊登在《存在分析》（*Existential Analysis*, 2018, 29, 45–48）。第九章在《人文心理學家》（*The Humanistic Psychologist*, 2018, 46, 204–210）。第十一章首次出現在《美國精神分析期刊》（*The American Journal of Psychoanalysis*, 2017, 77, 399–405），並由帕爾格雷夫・麥米倫（Palgrave MacMillan）再次出版。感謝曾經協助過這些文章的編輯與發行人，允許我們再次發行這些作品。

致上最高的謝意給莉茲・艾特伍（Liz Atwood）和茱利亞・許華茲（Julia Schwartz），感謝他們在最困難的時刻給予我們無懈可擊的支持與鼓勵。

【第一章】現象學循環與生命和思想的統合 [1] 1

> 我逐漸看清了至今為止的每一個偉大哲學是什麼：
> 他們是作者的自白，也是一種非自願與無意識的回憶
> 錄。
>
> ——尼采（Friedrich Nietzsche, 1886, section 6, p. 203）

　　在接下來的文章裡，我們會講述兩個跟哲學談戀愛的故事。首先，是喬治・艾特伍（George E. Atwood）的故事；然後接續著講羅伯・史托羅洛（Robert D. Stolorow）的故事。我們同時也會描述在近四十年的合作中，兩人各自的哲學旅途是怎麼產生交互作用的。我們提出這些資訊的目的是在於，反映出我們自身對於「現象學一脈絡論」理論的深層假設，及我們共同的努力如何帶領我們抵達如此的理解。一遍又一遍，我們被引導而瞭解到，理論的思考與其所源自的生活遭遇之間存在著密不可分的關係。

1. 喬治・艾特伍

　　我在十六歲的時候遇見了哲學，那時我發現了一本實用主義的小書。書裡摘要了威廉・詹姆斯（William James）、查爾

1　原註 1：每章標題下若無列作者名稱，則表示該篇文章由喬治・艾特伍與羅伯・史托羅洛共同撰寫。

斯‧桑德斯（Charles Sanders）、皮爾斯（Pierce）和約翰‧杜威
（John Dewey）的思想角度，我不敢說自己對於書中的思想本身
感到非常興奮，但我確實對這些內容有了足夠的了解。當中一些
對於思維本質的描述，完全地進入我年輕的心思之中。當時的我
發現，哲學，是貢獻於生命的終極意義和普世原則的思想領域，
是人得以生活並應該如何生活之方式的依據。在那以前，我都沒
有想過會有如此有趣的研究領域。

　　這個第一印象在幾年過後變得複雜。我在亞利桑那大學開始
2 我的大學生活，選修了一門哲學史的課程。我驚訝地發現，哲學
家們研究的問題如此繁複：關於實在的本質、認識的過程、善與
惡、思想和身體、有關美的本質、意義、自由、真理和存在本身
等等。這些主題對我來說都有著巨大的吸引力，但是我在這剛開
始進行學術研究的階段，也被另一個迥異的方向所吸引：以精神
醫學作為我的職業方向。在接觸哲學的同時，我透過佛洛伊德與
榮格的著作認識了精神分析，而且著迷於他們的發現和理論，讓
我決定跟隨他們的腳步。這意味著我必須如同他們一樣接受醫學
的訓練，然後成為精神科的住院醫師，最終成為一位心理治療師
以及，我希望，若能成為一位探討人類本質的理論家，還有什麼
職業能一樣好或一樣有趣呢？我可以用一輩子研究夢和象徵，也
可以調查瘋狂的種種形式與差異，還可以研究人類神祕的心理發
展歷程。精神分析的出現，對我來說就像是一扇可以看進人類靈
魂的窗，而這領域才正要被偉大的理論學家們開展。一個廣闊的
疆域即將被開啟，而我將成為其中一個開拓者，去發現未知的大
陸。並且，在這個探索裡，似乎很有可能讓我們直接遭遇到人類
本質的基本組成。

　　我們大學裡的醫學預科成績要求很高，我的有機化學在修了
幾堂課之後就碰壁了。想像一下這個畫面，一個極度不開心的
十八歲喬治‧艾特伍，在這門課程的第二學期，穿著工作服，戴
著護目鏡，他的褲子上還有一個剛剛被酸性溶液侵蝕的洞，整個
筋疲力竭大汗淋漓，還拿著一個裝著惡臭黑色黏液的試管。這
就是他連續十二小時努力合成一個有機化合物的成果，但這原
本應該只需大概兩個小時來完成。我已經不記得當初那個化合物
是什麼，不過它應該要是一個漂亮的淡紫色粉末。但你看看我做
出了什麼？黑色、惡臭的黏液，這已經不是我第一次搞砸實驗室
的作業。那時有一句話跑進了我的意識裡頭：「我就是不適合這
個。」往前看看其他困難的課程，生物化學、生理學、解剖學，
還有接下來的醫學院以及隨之而來的實習，我震驚於想到要經過
這麼多年的辛勞後才能生存下來，而這些都跟當初啟發我的事情
八竿子打不著。所以，我決定以心理學為自己主要學習的領域，
我想像精神分析會是心理學中的核心支派。另外，心理學在我眼
裡看來也跟我深愛的哲學高度重疊。

　　在我往後的求學路途上，從大學到醫學院的過程都不斷遭逢
著難關。在亞利桑那大學和奧勒岡大學的專業學習中，學習內
容主要是提倡行為主義的理論和方法，並且專注於量化的實證研
究，這些都距離哲學非常遙遠，更遑論對精神分析的理解。儘管
如此，藉由購買和閱讀佛洛伊德與榮格的著作，並且蒐集和學
習來自其他精神分析學家的重要作品，我利用自己的時間持續
學習精神分析。回顧過去那段時間，我因為喜愛精神分析與哲學
而做過很多努力，並試圖將他們置入主流的實證研究中。我在大
學時期的第一個學術發表〈焦慮以及死亡意念的兩種認知抗拒〉

3

（Anxiety and two forms of cognitive resistance to the idea of death; Golding, Atwood, and Goodman, 1965），就試圖處理存在哲學中的死亡焦慮主題。

我對於哲學的探索也恰如其分地發展著。一九六五年，存在主義是我在大學裡最後的課程，當時閱讀了《存在》（*Existence*, May, Angel, and Ellenberger, 1958）一書中的部份文章。其中羅洛梅（Rollo May）和路德維希·賓斯萬格（Ludwig Binswanger）的文章，讓我接觸到馬丁·海德格（Martin Heidegger, 1927）的《存有與時間》（*Being and Time*）。我發現，要理解海德格的這部經典雖然出乎意料地難，但也無止境地迷人。隨後的幾年，我把這本書放在床邊，幾乎每晚都會閱讀小小的篇幅。當我睡不著時，我就會隨機翻開這本書，細細咀嚼眼前這些難以理解的句子。同時，我也廣泛地閱讀其他哲學家的著作，我喜愛的包括康德、齊克果、尼采、胡賽爾和沙特。我還記得我在奧勒岡大學圖書館的書架區中站了很長的一段時間閱讀梅洛龐蒂的《知覺現象學》（*Phenomenology of Perception*, Maurice Merleau-Ponty, 1945），這是一本知識密度很高、難以理解，但卻耐人尋味的書。

這些哲學性的、尤其是關於現象學的閱讀，在我心中造成了一些改變。回首過去，因為沉浸在這些思想之中，讓我可以從笛卡兒主義的迷幻中覺醒。在此之前，在沒有任何明確的覺察下，我相信心智的存在，是一個與周遭外在世界分離的內在心理生活。我認為人們擁有心智，而我也有一個。我還記得，當我開始提出了「內在世界」與「外在真實」是否各自存在的疑問時，引發了團體中一些人的激烈辯論。其中，一個與我有些交情的女性告訴我，去質疑有別於外在世界之內在心理生活的存在，就有如

拒絕承認太陽升起時就是早晨一樣。我當時就想，或許由於創傷的緣故，她的個人真實分裂為內在與外在，而她把自己的心理分界普遍化了，並且就此認定其為人類被賦予的真實。我們的討論僅止於此，原有的私交也產生了變化。我也從這時候開始認為心智並不存在，有的只是經驗、意識與主體的種種，而非位於內在或是外在。

　　我持續進行著我的學術計畫、按照要求設計實驗，也順利地拿到博士學位。接著來到了堪薩斯城的西密蘇里心理健康中心進行臨床心理學的博士後實習，接受奧斯汀・戴斯・勞瑞爾（Austin Des Lauriers）的督導。他是《童年思覺失調症者的現實經驗》（*The Experience of Reality in Childhood Schizophrenia*, 1962）的作者。戴斯・勞瑞爾是我的第一個理想導師形象，也同時是一個現象學家。他的中心混亂理論（central disturbance），說明所謂的思覺失調的構成涉及現實經驗的失落。舉例來說，他們失去了對 4 事物之真實性、物質性和持續性的感受，隨之而來的是自我感經驗的破壞，也失去了時間的邊界、一致性與連續性的尺度。

　　在博士後的那幾年，照顧患有嚴重精神疾病的住院病人是我主要的工作內容，也決定性地形塑了我作為臨床工作者與理論學家的命運。我毫無保留地投入工作，每週在醫院工作超過七十個小時，在過程中認識了許多並未指派給我的病人，留給我的臨床生涯大量的經驗資料。受到督導的影響，我試圖以現象學的方式來認識我所遭逢的病人，並盡我所能地去理解他們的經驗。在這些經驗裡，有些是我從來沒有遭遇過的，而當我試圖以過去學過的諸多理論來釐清他們所說的時，卻走投無路。我會想起一些人說過的話，像是「世界已終了，他們已然死亡而非存活。」我疑

惑著，佛洛伊德、榮格、蘇利文（Sullivan）或其他任何的理論家會如何詮釋這些描述？一般在醫院工作的精神醫學工作者，會將這些說法視為妄想（paranoid），這是讓病人與客觀真實世界失去連結的精神病症狀。這樣的思考形式，被認為是完全地與悲慘地不恰當。我遇過其他病人宣稱自己是上帝或全宇宙的救世主，也遇過有人說我是支配世界的上帝，具有讓世界上的事物各安其位的力量。在我的博士後工作的第一天，就發生了一件事情讓我困惑不已：當我走出電梯，進到病人們居住的樓層時，有一個高大的躁鬱症女病人撲向我，並且試圖跟我發生性關係。當我們進到辦公室內開始談話，她一開始跟我說她已經死了，並將我遞給她的香菸點燃，接著將菸在自己的手臂上按熄。這時的她直視我的眼睛，並且溫暖地笑著。還有一個工作初期遇到的年輕男子，一直都安靜著不說話，當我試圖跟他建立連結時，他不看我也不回應我的詢問，直到最後他終於開口跟我說，他一直聽到一個聲音說：「殺了艾特伍醫生。」有一個住在杜魯門前總統附近的六十歲的女性，因為試圖闖進他家被特務單位送來住院。她說她是要去取回自己被偷走的頭，這顆頭在一個恐怖的陰謀下被他所控制。一天傍晚，有一位年輕女性來跟我說，她剛經驗到跟耶穌基督的性交，而我後來跟這位女性密切工作多年。就是這樣，一個接著一個怪誕的故事與荒唐的行為從不間斷地發生，我當初所擁有的背景知識完全無法幫助我解答眼前所見。儘管那時候的我已經是一位臨床心理學博士，我還是感到一無所知，我需要放下我在正規教育中所獲得的知識並重新開始。我意識到護士、助
5　手，甚至是拿著拖把和洗衣服的清潔工都比我更瞭解他們。他們都已經認識這些病人多年，已經很熟悉這些我在生命中第一次所

遭逢的事。

這些充滿挑戰的經驗不斷襲來,讓我對於現象學的喜好戲劇化地成長。現象學總是嘗試著不斷重新開始,尋找必要的起點來進行描述和理解主體性的任務。因為奧斯汀·戴斯·勞瑞爾堅定的支持,我才能夠堅持這讓自己重新開始的任務,並以發現我所見之各種瘋狂形式的意義為目標。那我要怎麼知道我可以在當中找出意義?我根據整個精神分析理論的背景提出假設,並以此作為起點。

以我現在的觀點回顧,我想我明白當初在使用精神分析概念時的困難在哪了。因為,我所試圖使用的理論系統中帶有的哲學假設,與那時我正開始接觸的極端心理障礙的本質,兩者之間有著難以聯繫的鴻溝。但我當時並不明白。以下是我在經歷三十年後與我的同事羅伯·史托羅洛和唐娜·奧蘭治(Donna Orange)共同出版的書中所寫下的片段。

> 當我們去標定這些心理障礙時,會發現其主題集中在個人的毀滅與世界的毀滅。這些經驗不在笛卡兒主義思考系統的視野內,也就是認為心智是一種獨立的存在,並與一個穩定的外在現實有著關係。嚴格地區分出內在心理主體與外在現實客體的笛卡兒式心智圖像,實際化且普遍化一個非常特定的經驗模式,其中心為一種持久穩定且與外在世界分離的個人自我感。這種心智的存有論是無法概念化失去自我與世界崩解的極端經驗,因為這些經驗溶解了這種存有論所主張的,構成個人存在的普遍性結構。(Atwood, Orange, and Stolorow,

2002, p. 144）

　　在我的這些早年時期，我無法清楚描繪上述的任何經驗，也沒有辦法以理論概念化病人的心理狀態；但我依然有可能在實際層面與他們有所連繫，和他們討論正在經歷的一切。當有人跟我說，他因為身上的血被抽乾而死亡，我聽到的不是妄想，而是一種經驗、一種無盡的衰弱感。同樣的，如果有人說我擁有像神一般的大能，我相信他正是這麼感受的——喬治·艾特伍正在創造（或破壞）個人的宇宙。當有人跟我解釋說，他太太和小孩都已經被置換為迫害他的複製品，我並不會認為他的想法瘋了。我反而會聆聽並想像：當他不再能夠信任最親近的家人，即便家人還是原本的他們，降臨到他身上的不幸到底是什麼。當我遇到一個自殘的人，身上佈滿數年甚至數十年來累積的疤痕，我並不會因此將他診斷為邊緣性人格。相反的，我會試圖理解這些傷疤想要向世界傳達的訊息。換句話說，對我遇見的每一個病人，我都在尋找人性化的理解方式，同時也尋找能支持這些探索的思想引導。

　　我的博士後生涯提供給我的一個不可磨滅的印象是，心理治療對最嚴重心理障礙的療癒力量。在戴斯·勞瑞爾不可或缺的諮詢和指導下，我密切地與一些病人工作，親眼看見了慢性精神疾患的病人藉由人性化的處遇而產生的戲劇性復原。這些經驗奠定了我對日後臨床工作的深刻樂觀基礎。

2. 羅伯・史托羅洛

　　我十三歲的時候第一次碰觸了哲學的邊緣，那時我閱讀了一本關於愛因斯坦人生和工作的書，最終也成為了我高中論文的題目。像是預示著我往後做為一位顛覆性思想家的職業生涯，在我的猶太成人禮上，我講述愛因斯坦認為神是宇宙中一種非人的秩序原則，嚇壞了出席的人們。

　　受到我父親愛好哲學的影響，我在哈佛唸大學時，就熱衷於柏拉圖的《理想國》、亞里斯多德的《倫理學》、奧古斯丁的《懺悔錄》、美學和思想史。其中有一個關鍵點，是我在高爾頓・奧爾波特（Gordon Allport）的人格心理學課程中認識了羅洛梅的書《存在》（*Existence*）。跟喬治一樣，我對海德格和賓斯萬格的思想感到著迷。

　　雖然對哲學有著熱情，但我對於進行心理病理學的硬科學研究也同時產生興趣，最後我立志朝向醫學院和精神醫學前進。在一九六四年秋天，我進入了康乃爾醫學院，但我因為過得很不開心而在五週後離開。我隨後轉向另一個更適合我目標的途徑，臨床心理學的博士學位，並在隔年回到哈佛。跟喬治在有機化學實驗室中的災難一樣，我在解剖學實驗室表現得非常糟糕。這麼說起來，從我手上抽走手術刀應該救了很多人。在我回哈佛的前一年有一個關鍵是我在新學院（the New School）裡上了羅洛梅的存在心理學。我著迷於羅洛梅關於現象學和存在哲學的演講，關於胡塞爾、海德格和沙特的著作。我也唸了羅洛梅的書《焦慮的意義》（*The Meaning of Anxiety*, May, 1950），讓我了解到存有論焦慮的概念，對我後來的發展有重大影響。隔年由羅伯・懷特

7

（Robert White）舉辦的一個研討會，我寫了一篇文章，從內在心靈的、人際的與存有論的三個角度探究焦慮防衛歷程，而這也成為我的第一篇公開發表的論文。（Stolorow, 1969）

身為一個臨床心理學的博士生，我很快地就對實證心理學研究感到理想破滅，覺得它剝奪了心理學中一切具有人性意義的部分。我聯繫了大學時期的教授亨利·艾肯（Henry Aiken），他後來在布蘭代斯大學（Brandeis University），我提出想要念哲學作為第二個博士學位的計畫，希望可以藉由現象學和存在哲學來清理精神分析理論中的混亂。艾肯很喜歡我的計畫，但在隨後的臨床實習中，我發現自己對於精神分析的工作非常感興趣。完成心理學的博士學位後，我就決定前往紐約接受精神分析訓練。我原本想念哲學的想法，必須等到數十年之後才有辦法實現。

就像喬治一樣，我很早就對於臨床現象中的現象學結構非常感興趣。根據大衛·夏皮羅（David Shapiro, 1965）對精神官能症風格（neurotic styles）的概念，我的博士論文研究區分了強迫型與歇斯底里型兩種風格的因果詮釋特徵，前者表現出誇大的個人因果覺知，而後者對於個人因果覺察貧乏。在我接受精神分析訓練的第一年，我發表了一篇短文〈移情波折中虛構的和諧與不和諧〉（Mythic Consonance and Dissonance in the Vicissitudes of Transference, Stolorow, 1970），探討了病人與治療師兩人因果詮釋的相應或差異對治療關係的影響。這篇早期論文預示了我們後來視治療關係為互為主體系統的概念。兩年後，我發表了另外一篇在標題上就寫著現象學的文章〈論憤怒與恨的現象學〉（On the phenomenology of anger and hate; Stolorow, 1972）。這篇文章探究原諒與否的可能性如何左右這兩種情緒的差異。

在我的精神分析訓練早期，我也產生了對海因茨·寇哈特（Heinz Kohut, 1966, 1968）針對自戀或自戀型疾患治療的強烈興趣。寇哈特艱澀的驅力理論語言，也是我早就反抗的佛洛伊德式正統語言，之下隱藏著的重要洞察是培養或削弱自我一致、自我連續和自尊的種種關係。此時對我來說變得明確的是對情緒現象學和互為主體性脈絡的聚焦，不久後這就成為我們合作中共同關注的部分。我的第一個以精神分析工作的個案，是一位在早期經歷毀滅性創傷失落，但因否認其失落而嚴重損害自我感的女性。那是一個成功的治療，也預示了我後來對於情緒創傷的關注以及對潛意識概念的重新思考。

我跟喬治是一九七二年在羅格斯（Rutgers）認識的，也從此開始我們長期的合作對話。當時我們正好都處在一個對我們領域 8 中的主流架構和官方語言強烈不滿的位置：喬治對傳統的診斷精神醫學不滿，而我對佛洛伊德式的後設心理學反感至極。這兩個領域中的主流架構和語言，讓我們遠離那些我們渴望理解和接觸的經驗。我們都認為需要有一個架構讓我們得以單純地面對情緒經驗以及它被塑造的過程。而恰巧我們也成熟到能夠共同努力創造精神分析現象學（psychoanalytic phenomenology）。

3. 喬治·艾特伍

我和史托羅洛在一九七二年的春天認識，當時羅格斯大學提供他一個教職。那時候，以西爾萬·湯姆金斯（Silvan Tomkins）為首的團隊正在羅格斯校園內招集一群學者，想要恢復由哈佛大學亨利·莫瑞（Henry Murray）所提倡心理學中的人格學傳統

（the personological tradition）。這個取向的核心是其中的方法論——密集而有深度的個案研究，為心理學中量化和客觀的實證研究提供另一種可能的選擇。我打電話給羅伯並敦促他接受這個邀請。我告誕他如果他去其他地方會是極其不智的。我認為在這個我們都已經很熟悉的人格理論領域裡，我們會很有機會成就重大的進展。他後來接受了這個邀請，也開始了我們的合作。

我們頭兩年的合作發生在起司漢堡和無數杯咖啡的美好午餐對談裡。我們討論關於人格心理學裡，過去、現在和未來的任何事與每一件事。過了四十年，我回憶起當時我們在面對的一個問題是「目前的人格理論中，我們所面對最重要的問題是什麼？」我們其中一個人，我不太記得是誰提出了一個簡明的答案：「這個問題就是理解一個人經驗世界的面向化（dimensionalization）。」當我們使用「世界」這個詞時，就已經反映出我們對於存在現象學的共同興趣與背景，也預告了我們接下來多年的研究。在這裡使用「面向化」這個詞，有點受到西爾萬·湯姆金斯的影響，是要呈現這樣的想法：每一個人的世界有各自獨特的情緒幾何學，在重複、不變的經驗與行為中變得可見。

在我們早期的對話當中，還有另外一個想法跟剛剛描述的類似。某次，我們正說著羅伯在紐約市心理健康博士後中心即將完成的精神分析訓練。引發我們討論的是該訓練中所謂的結構模型，即心靈結構裡面的三個部分：自我、本我和超我所扮演的角色。我記得在當時羅伯的描述中，這個概念化是以「人類就是如此被創造的」的態度來教給受訓者。換句話說，這就是對心智的普遍有效描述。我回應道：「或許這三分模型並不是普世的，而

是一個象徵，指向經驗衝突狀態的一個重要但特定的階層。」這 9
裡暗示著的是一個尚未發展完全的直覺：某些人的情緒經驗世界
可以用佛洛伊德所說的方式組織與結構起來，但也有截然不同的
心智模型可以說明其他人的情緒經驗世界。由此，我們已經開始
思考存在樣貌的種種不同變化，也開始看見精神分析人格理論中
的不同思想流派或多或少地相應了這些不同的變樣。這當中有著
一個隱微的議題，那就是我們要如何移動到一個更具理解力的精
神分析現象學，一個可以包容個人世界的變異性、豐富度和特殊
性的更普遍架構。

在那之後，當我們合作研究人格理論中的主體性時，開啟了
新的取向來處理這個問題。我們看到精神分析中的每一個古典學
派都有自己的中心情感主題，而且這個主題也是學派理論家個人
世界中起組織作用的情緒面向。我們開始認識到，在這種種架構
中進行個人主體性的分析，開啟了一個通往更廣泛觀點的渠道，
就好像羅伯所說：「從研究理論的主體性，移動到主體性自身的
理論。」我們的第一本著作《雲中的臉龐：人格理論的主體性》
（*Faces in a Cloud: Subjectivity in Personality Theory*, Stolorow and Atwood,
1979），就是我們在前往精神分析現象學路途上的一次努力。

4. 羅伯・史托羅洛

在我們早期的合作過程中，喬治・克萊因（George S.
Klein）對於精神分析理論本質的哲學論述非常吸引我。克萊因
（Klein, 1976）宣稱佛洛伊德的精神分析理論實際上合併了後設
心理學以及臨床理論兩種理論，兩者實是源自兩種不同的論述宇

宙。後設心理學（我們最終認定是一種形上學形式）處理的是經驗的物質層面，在自然科學的架構中尋求非人的結構、趨力和能量。臨床理論，相反地，著眼於個人獨特的生活歷史，處理人類經驗中的意向性與潛意識意義。臨床精神分析探究「為什麼」的問題，尋找答案於個人理由、目的與個別意義。後設心理學探究「如何」，在非人的機轉與因果構成的非經驗性領域中找尋答案。克萊因試圖理清後設心理學與臨床概念，想保留後者作為精神分析理論的合理內容。對克萊因而言，精神分析學界的根本，是在個人經驗中辨識未明的意向性與解鎖無意識的意義，而這是臨床理論的概念。因此，清除其中後設心理學的污染，會是一個適當的作法。

10　雖然克萊因沒有記錄下他想要對精神分析進行激進切除術的哲學根源，但他揭示了臨床本質就是詮釋現象學，探討生活經驗的意義如何無意識地被塑造。我被他的計畫深深吸引，也同意在《當代心理學》（*Contemporary Psychology*）中回顧相關的文章選集（Stolorow, 1976）。另外更重要的部分是，為了我們的理論架構，我寫了一篇〈心靈結構的概念：其後設心理學與臨床精神分析意義〉（The concept of psychic structure: Its metapsychological and clinical psychoanalytic meanings, Stolorow, 1976），把克萊因的分類應用於精神分析概念中的心理學結構。我在當中建議，相對於後設心理學式的結構，像是本我、自我和超我，在臨床精神分析意義中的心理學結構指的是前反思地組織起經驗世界的原則（the principles that prereflectively organize an experiential world）。在這樣的心理學結構概念下，精神分析成為一種明顯根植於歐陸現象學（Continental phenomenology）傳統的探問形式，探究前

反思的經驗結構。

5. 喬治・艾特伍與羅伯・史托羅洛

我們的第二本書《主體性結構：精神分析現象學的探索》（*Structures of Subjectivity: Explorations in Psychoanalytic Phenomenology*, Atwood and Stolorow, 1984），包含了三個我們來來回回與哲學互動的發展內容。首先，我們清楚地提供了以現象學重新概念化精神分析理論的哲學前提：

> 精神分析現象學的起點在於（將人視為）經驗主體。這表示在理論建構的深層，我們的操作是在主體的領域中，拒絕將經驗化約到物質層面的假設。在我們的觀點中，物質世界被視為一個經驗領域，而自然科學的概念則是組織此一經驗領域的模式。如此之理論上（或哲學上）的位置就不同於把存有論上的優先性歸諸於物質性事物，從而將人類意識解釋為物質事件發生之後的二手呈現。自然科學的知識發展涉及人類觀察的組織作用與連結作用，也就是涉及經驗；但唯物主義卻是奠基於將自然科學概念實際化（reifying）的學說，並且將意識視為這些實際化結果的附屬現象。（Atwood and Stolorow, 1984, p. 7）

我們所合作的第二項哲學發展，是我們有系統地比較與結合了三個偉大現象學家：胡塞爾、海德格與沙特，和我們的想法。

雖然我們仍然視精神分析探究不同於哲學探問，我們還是試圖定義哲學現象學與精神分析現象學的根本差異與相似之處：

11 　　　我們回顧的這三個現象學系統，每一個皆是關於研究人類經驗之基本假設的提案。這些提案的共通之處在於區分經驗世界中物質對象與主體本身的不同特質。而同樣的強調在當前的精神分析思想中愈發重要，尤其是對於佛洛伊德式後設心理學的批判。對我們來說，這樣的一致性建立了可能性來把現象學的洞見整合到精神分析中。（Atwood and Stolorow, 1984, p. 30）

在這樣的整合過程之中，我們點出了兩個障礙：分析師以物質自然科學視野來看待他們的領域，把古典後設心理學的隱喻式語言奉為圭臬，並以驅力、能量和機轉來描繪心理生活；以及，無法以有效的批判態度面對現象學哲學家。

　　　許多傑出的思想家試圖以現象學的語境重構精神分析的假設 (例如：Binswanger，1963；Boss，1963，1979； May，Angel 以 及 Ellenberger，1958)。 我 們同感於如此的重構，因為他們試圖將精神分析的現象學知識，從機轉和決定論的削足適履中釋放出來。（Atwood and Stolorow, 1984, p. 31）

舉例來說，賓斯萬格和梅達德・博斯（Medard Boss）是在心理治療與精神分析領域中看見海德格存在分析的先驅，他

們都試圖「由上而下」：即他們從海德格對於基本存在結構的哲學性描述開始，將其應用在臨床現象與治療處境。雖然賓斯萬格（Binswanger, 1946）的存在分析（existential analysis）提供了種種心理病理學所奠基之「世界作用」（world-designs）（p. 195）的傑出現象學描述[2]，以及博斯（Boss, 1963）的此在分析（Daseinsanalysis）也將精神分析的治療理論從佛洛伊德後設心理學中非人性化的因果－機轉假設中釋放，但他們的努力都沒有使得精神分析實務或其歷程產生根本上的轉變。對比來看，我們（艾特伍和史托羅洛）的精神分析觀點進展採取「由下而上」的歷程，其產自我們對精神分析理論之主體性源頭的研究，以及我們同一時間重新思索精神分析作為一種現象學探問形式的努力，還有揭示精神分析歷程本身的現象學。

　　這就有關於我們對於精神分析與哲學之間關係理解的第三項發展。我們逐漸發現，哲學現象學起源於個人的獨自反思，也就無法避免地帶有哲學家自身主體性關聯下的特定化視野。胡塞爾的超驗現象學；海德格對此在（Dasein）的存在分析；以及沙特筆下存在與虛無的辯證，各自都帶有原創者特殊性格的明確特徵。哲學系統有其形上學－存有論的核心，如同我們顯示在《雲中的臉龐》一書中我們對人格心理學家的研究一樣，這個普遍化的核心反映並象徵著哲學家個人的存在議題和掙扎。從其個人主體脈絡分析哲學思想，似乎有助於澄清哲學思想作為一種經驗科學根本設定的限制之處，從而指出它們所適用的特定範圍及

2　原註2：關於其中尚未翻譯的內容，係由史托羅洛（Stolorow, 2011, p. 73）在羅傑佛里（Roger Frie）的私下交流協助中完成摘要。賓斯萬格（Binswanger）尤其參考了馬丁‧布伯（Martin Buber）的思想，試圖補充海德格（Heidegger）對真實關係性相當薄弱的描述。

其超越。由此，我們開始看見豐饒的可能性，我們稱其為「精神分析哲學與哲學精神分析間的相互關係」（Atwood, Stolorow, and Orange, 2011）。

6. 喬治・艾特伍

　　一九八〇年代開始，我在羅格斯大學有一門針對高年級生的研討課程，名稱是「瘋狂與開創性才華」（Madness and Creative Genius）。這堂課後來連續開設了二十四年，每一年我都會和學生一起選出哲學、文學或心理學的代表人物，這些人都曾產出偉大的開創性作品，卻也同時有著瘋狂特質。我們在每一個實例中，都試圖去找出瘋狂與才華的關聯性。我們曾經研究過榮格、西爾維亞・普拉斯、盧梭、卡夫卡、杜斯妥也夫斯基、萊納・瑪麗亞・里爾克、維吉尼亞・伍爾芙、德希達、寇哈特、齊克果、尼采、海德格、維根斯坦和沙特[3]。

　　對每一個人的研究，我們都會浸泡在其最重要的作品之中，並持續合作努力將他著作中的首要主題與他的生活歷史脈絡連結。我認為這些引人入勝的探索對我個人的思想產生了深遠的影響。讓我可以更敞開心胸了解寬廣且深奧的創造力知識，是如何與人類生命中所發生的心理災難形成如此複雜而多樣性的連結。而出乎意料的是，我自己身為心理治療師的臨床實務經驗可以很有效地與我們在課堂上的研究互動。我發現自己在與嚴重情

3　　譯註：這裡出現的人名原文為：Carl Gustav Jung, Sylvia Plath, Jean-Jacques Rousseau, Franz Kafka, Fyodor Dostoevsky, Rainer Maria Rilke, Virginia Woolf, Jacques Derrida, Heinz Kohut, Søren Kierkegaard, Friedrich Nietzsche, Martin Heidegger, Ludwig Wittgenstein, and Jean-Paul Sartre.

緒障礙者互動的實務工作中得到的學習，可以一次又一次地應用在我們對這些才華者的探索；而相對的是，我所分析的這些創作者的成果，也能夠幫助我理解那些最具挑戰性的病人（Atwood, Stolorow, and Orange, 2011）。

　　這些充滿智慧的旅程非常重要，但對我個人及我們的合作帶來最多轉變的是關於齊克果、尼采、海德格、維根斯坦和沙特的研究。在二〇〇二年，我們討論到，如此地瞭解到這些哲學家，對我們所持續努力建構的精神分析現象學有著重要意義。在九〇年代，我們意識到精神分析的許多原則來自於笛卡兒式的孤獨心智假設。我們認為這些原則是一種現代迷思（Stolorow and Atwood, 1992），克服此迷思則是需要用一種激進的現象學脈絡論來思考精神分析理論與治療的本質。我們提到的這些哲學家也一樣反對笛卡兒，多年來在他們思想的幫助下我們形成自己的努力。隨後有了一個忽然的靈感，若是我們想要更推進自己的理解，可以以心理學的方式考察這些後笛卡兒的才華者，並澄清他們得以背離笛卡兒思想的個人因素與意義。以他們的個人生命旅程作為遠方的鏡子，我們可以看到自己身上熱情追索一個真正的後笛卡兒式精神分析的意義。

　　此後十年或者更久，我們輾轉探索這個計畫的可能性，並且終於發表了〈後笛卡兒哲學的瘋狂與天賦：遠方的鏡子〉（The madness and genius of post-Cartesian philosophy: A distant mirror, Atwood, Stolorow, and Orange, 2011）其中呈現出我在課堂上的發現，以及多年來我們連同唐娜‧奧蘭治所密切討論的成果，還有針對海德格陷入納粹主義的合作調查，我們的發現如下：

13

　　每一個（後笛卡兒哲學家）在他們的個人世界中都經歷了極端的創傷，終其一生在深刻的內在衝突中掙扎。他們的思想出色且創新，但也都是去掌控頑固的情緒張力的一項努力，否則就要接受自身分裂的危險。我們在他們作品的才華裡發現的瘋狂，源自主宰他們個人生命史之悲劇性的、使人裂解的、甚至是令人虛無化的條件。他們與各自的惡魔奮鬥，滿載著矛盾與不相稱的成功。讓他們聞名的智性旅程戲劇性地反映與象徵著他們整合自己的努力以及在情緒中的倖存。（Atwood and Stolorow, 2014, p. 111; see also Atwood, 1993）

以這些哲學家的生命歷史為鏡，引導我們反思自身的惡魔，照見我們發展並擁抱現象學脈絡論之熱忱的個人脈絡與來源。

　　或許不是意料之外，我們更清楚看見各自人生中所遭遇的創傷力量，包括那些粉碎性的失落經驗、暴虐地被否定經驗、以及個人破碎的經驗。我們也開始完全承認，互為主體性理論對這些最困難事件與環境建構了一個回應。這理論就是我們的聖杯……，尋求克服惡魔力量的勝利。這些惡魔力量讓我們與自己和彼此分離，以「我是誰」和「我將會是誰」的壓迫性定義來面質我們，同時也威脅我們作為經驗之人的主體性生存。（Atwood and Stolorow, 2014, p. 111）

7. 羅伯・史托羅洛

我個人可怕的悲劇激烈地促進了我對歐陸現象學的研究以及在精神分析觀點上的進一步進展。

在《存在的脈絡》（*Contexts of Being*, Stolorow and Atwood, 1992）第一版發行時，第一批熱騰騰的書陳列在我作為講者的研討會展示桌上。我捧起其中一冊，抬頭環顧四周，找尋我已故的太太狄迪（Dede），心想她會有多開心見到這幕。當然我環視不得；她早在發行前約二十個月離世。那是她確認癌症轉移四週後的某一天清晨，我起床看見她安詳地躺在床的另一側，在睡夢中辭世。在一九九二年的那次發表會中，我大部分的時間都在回憶與哀悼，對狄迪、我與我們的共同經歷感到慘痛與哀傷。

當天會後有一個晚宴，其中有許多人是我的老朋友、好朋友和親近的同事。然而當我在宴會廳中張望時，他們看起來像陌生人和外星人。或正確一點來說，我好像是那個不屬於這個世界的陌生人和外星人。他們看起來很真實、活潑地與其他人互動著。相反的，我感覺我自己像死掉和壞掉的人，只剩下我曾所是的外殼。一個無法橋接的海灣似乎就此出現，讓我永遠與朋友和同事分離。我有個念頭是：他們永遠無法捉摸我的經驗，因為從現在起我們已然住在不同的世界。

在那痛苦感受中六年，我嘗試著去理解與概念化孤立與隔閡的可怕感覺；它們對我來說就好像是天生在情緒創傷經驗中。我開始意識到這種異化和孤獨是創傷文獻中常見的主題，而我也曾在許多經歷嚴重創傷的病人口中聽見。其中一個年輕男子，從童年開始到成人期間，失去了多個他深愛的家庭成員。他告訴我世

界被分裂成正常的和創傷的兩個部分，而正常世界永遠不可能接觸到創傷世界的經驗。我記得我非常需要相信，我在狄迪去世後所見的分析師是一個知道毀滅性失落的人，以及我如何懇求她不要說出任何會讓我失去信心的話。

　　要如何理解這種將創傷之人與其他人類分開來的經驗鴻溝？在《存在的脈絡》中有關創傷的篇章裡，我主張情緒創傷的本質在於無法承受的情感經驗。發展上而言，這種「無法承受」是構
15 成於一個無法與兒童情緒痛苦同頻共感的互為主體系統中。在我的經驗中，將發展性創傷概念化為無法與痛苦情感同頻共感的關係歷程，已證實在創傷病人的處遇中有極高的臨床價值。但是，就如同我在那天晚宴所意識到的，這個概念假設難以區分無法同頻共感是來自他人的無能為力，還是來自創傷者的無法感受，因為那孤寂的感受如此深刻地鑲嵌在創傷經驗裡。有關這種孤立異化感的理解開始於一個我從未預期的來源：我當時才開始閱讀的伽達默（Hans-Georg Gadamer）的哲學詮釋學。

　　由於關注理解的本質，哲學詮釋學直接關連到這件事，即自身經驗無法被理解的深刻絕望實是情緒創傷的核心。伽達默（Gadamer, 1975）主張，所有的理解都涉及詮釋。詮釋，一定是來自鑲嵌於詮釋者個人傳統所構成之歷史整體中的一個觀點；因此理解總是出自於一個觀點，其視域是從結構詮釋者自身歷史的原則中劃定而出，而這些來自於前概念的內容，伽達默稱之為偏見。伽達默在人類學問題中展示了他自己的哲學詮釋學應用，也就是當異文化的社會生活形式，即經驗視域與研究者的是不可共量（incommensurable）時，理解如何可能。

　　有些時候研究伽達默的著作，會喚起我在那場會議宴會中好

像身處正常人世界中的外星人的感覺。這兩個「詮釋學處境」對我來說是類同的：我感覺到自己活在跟身邊朋友同事不同的世界中。就伽達默的說法，我很確定感覺到他們的經驗視域永遠都沒辦法包含我的，這樣的信念成為我異化和孤立的來源，猶如那無法橋接的海灣，讓我確信自己不可能被理解。我認為這不只是因為經歷創傷者與正常生活者活在不同的世界，而是受創者感受到那些相異的世界是本質地與根深柢固地不可共量。

在經歷過那次晚宴的六年後，我聽到喬治的一次課堂講授，讓我開始理解到這種感受的不可共量性（this felt incommensurability）的本質。那個課程討論的是排除掉笛卡兒的物質主義後，互為主體性脈絡論的臨床意義。喬治為精神病性妄想提供了一個非物質主義的對話性定義：「妄想，是無從討論其有效性的想法。」這個定義恰巧符合了我們十二年前的提議，當一個孩子的知覺和情緒經驗蒙受大量且持續的無效化，那麼他或她對那些經驗中之實在的信念，就會不穩定且非常容易溶解，並在誘發的情境下，就會發展出妄想性意念以「用來戲劇化或實際化（一個）被危及的心理現實……，來恢復（那個）正在消失的、相信其有效性的信念。」（Stolorow, Brandchaft, and Atwood, 1987, p. 133）妄想性意念被理解為一種絕對主義的形式：為了重 16 要的復原與防衛功能而產生的激進去脈絡化。與對話絕緣的經驗是無法被挑戰或無效化的。

聽完喬治的表述後，我開始思考，在沒有被意識到的情況下，這種絕對主義在日常生活裡所扮演的角色。當有人跟他的朋友說「下次見！」，或當父母在睡前對孩子說「我們早上見。」這些說法的有效性如同妄想，都不開放討論。這種絕對主義是素

樸實在論與樂觀主義的基礎，讓我們能夠在被經驗為穩定、可預測和安全的世界上運作。我因此結論，情緒創傷的本質就在於破壞了這些絕對主義，形成天真信念的災難性失落，永久改變一個人的寓居於世（being-in-the-world）感受。日常生活中的絕對主義被大量破壞，暴露出在一個混亂、無法預測以及無法保證任何安全性和連續性的宇宙中，無法從偶然性中逃脫的存在樣態。創傷也就暴露了「無法承受的存有鑲嵌性」（Stolorow and Atwood, 1992, p. 22）。如此一來，經歷創傷的人就會不得不去感知到，在正常的每日絕對性視域之外的存在面向。正是在這種情況下，受創者的世界會被經驗為與他人的世界在根本上不可共量，深不可測的鴻溝因而形成，異化和孤立感的痛苦從中湧現。

受益於以伽達默的著作來理解我自己創傷狀態，受到鼓勵的我在此時轉向了更系統性地研究哲學文本。在二○○○年，我組織了一個無帶領者的哲學閱讀小組，並持續了兩年。我們第一本決意詳讀的著作是海德格的《存有與時間》（*Being and Time*, Heidegger, 1927），而研究海德格後來證實對我來說是相當關鍵。

《存有與時間》一書探究存有的意義，從中我很快地就感受到，海德格的探究有三方面非常有關於我們所推展的精神分析現象學脈絡論。第一，是他最初關鍵的選擇。他以探問者（the inquirer）自身作為受調查的存有者（the entity to be interrogated）來理解其存有（its Being）。海德格論述，由於對我們自身存有的尚未闡明與前哲學理解，正是我們這種存在者之存有的構成，我們人類可以透過探究我們對這存有的理解，來探究我們自身這種存有者的存有。因此，《存有與時間》的探究方法是現象學

的，目的在於顯露出我們對於自身存有之理解的基本結構；就像在《雲中的臉龐》，從我們對精神分析學家的個人現象學調查開始，我們將精神分析重塑為一種現象學探問的形式。而《存有與時間》由探問者的現象學開始，從而宣稱存有論只有作為現象學才有可能。

第二，海德格的存有學脈絡論，其也就是以我們的存有總已是「在世存有」（Being-in-the-world）來糾正笛卡兒主義的主體－客體分裂論述讓我感到雀躍，因為它為我們的精神分析脈絡論提供了一個堅實的哲學基礎，取代笛卡兒主義的孤立心智。

第三，在當時對我來說更為重要的是，當我讀到《存有與時間》中海德格對不安（*Angst*）的存在分析時，幾乎從椅子上摔落！他對不安的現象學描述和存有學的論述，驚人地相似於我兩年前歸結的，有關情緒創傷的意義和現象學。簡短來說，海德格對於不安、世界崩解、不在家狀態（uncanniness）以及投入向死存有的拋擲性（thrownness into Being-toward-death）的分析，提供了卓越的哲學工具來掌握情緒創傷的存在意涵。正是最後的這個發現促使我開始以海德格為主題進行哲學博士研究、論文寫作和出版兩本關於海德格與我和喬治所稱的後笛卡兒精神分析的著作（Stolorow 2007, 2011）。我在此的兩個目標是，展現海德格的存在哲學如何豐富後笛卡兒的精神分析，以及後笛卡兒的精神分析如何豐富海德格的存在哲學。

8. 喬治‧艾特伍與羅伯‧史托羅洛──現象學循環

在這一連串我們與哲學的戀愛關係中，我們試圖重塑精神分

析為一種現象學的脈絡論，探究與照亮情緒經驗世界、將其前反思地組織起來的結構以及這些結構所賴以成形的互為主體性脈絡。換句話說，如此的重塑是要帶領我們可以解構性地批判精神分析的後設心理學（Atwood and Stolorow, 2014, Chapter 8）。

我們認為精神分析的後設心理學實際上是一種形上學形式，我們也闡述最早由威廉·狄爾泰（Wilhelm Dilthey）提出的說法，即形上學代表對人類有限性悲劇的一種幻覺性逃避。形上學將人類無法承受的脆弱性本質和暫時性本質轉換為持久、恆常且不變的真實，以及具有永恆真理的幻想世界。以哲學家和精神分析學家的著作和生命經驗作為「臨床」案例，我們主張，要避免掉入形上學幻覺陷阱的最佳保障，就是致力於反思我們所有理論思想所具有的現象學基礎與構成脈絡。我們理論性理解的成長，都將在接續的、無盡重覆的現象學循環中，把探問者的情緒世界加到其所生產之理論觀點的理解中。

文本與映照

當我們持續探索和說明我們的精神分析現象學之提案的哲學設定與個人基礎，我們被導引至一連串的問題。

在現象學脈絡論的持續發展中，其中一個我們所面對的任務是對於反思歷程本身進行反思（reflecting upon the process of reflection itself）。人們可以提出一連串相關的問題。反思到底是什麼？讓反思運作的構成性脈絡是什麼？脈絡這個意念本身的構成性脈絡為何？究竟什麼是「脈絡」？當我們將其描述為「構成性」又意謂著什麼？在眾多議題和我們的回應中，又是如何連結

到我們個人的生活與個人主體性？當我們列出這些問題，我們持續回到了我們個人的與哲學的基礎上。以下是我們列出這些問題時所出現的一些想法：

1. 精神分析的反思動作永遠都是有脈絡的。任何成為反思覺察對象的經驗或行動總是在一個特定背景中被看見，這個背景包括了與反思對象有所關聯而使之獲得意義的種種元素。這個背景就是脈絡，反思對象即為其中一個部分。

2. 以夢的詮釋為例，以夢者對於夢中畫面的自由聯想來幫助破譯其中隱含的初始意義。藉著將夢所顯現的內容置放到一系列聯想所得的想法、感覺和記憶之中，原本不透明的夢經驗會因轉而成為夢者主觀生活的有機表達而透明起來。

3. 一個構成性脈絡是一個包含著眾多元素的群組，這些元素參與到精神分析反思對象的存在之中。一個構成性脈絡也是該對象所屬世界的一部分。

4. 構成性脈絡有可能是超過一個以上。

5. 辨認出一個人經驗與行為的構成性脈絡，是將此經驗與此人的世界放在一起，從而克服去脈絡化所帶來的孤立與碎片化效果。只要人的存在是無法化約的關係性與脈絡性，去脈絡化就等同於去人性化。精神分析的一個基本特徵——或其基本特徵——就是對病人受苦的再脈絡化，也就是再人性化。

6. 我們之所以強調反思的核心重要性，其中一個構成性脈絡是歷史性與哲學性的，即那些偉大的現象學哲學家將人類經驗的普遍結構帶入反思覺察的努力，影響到了我們的思

想。我們關注於個人組織原則以及讓它們成形之個人歷史中的關鍵性構成事件。對應的是，哲學家們聚焦於一般經驗（experience in general）的先決條件（preconditions）與前反思性的組織化（prereflective organization）。

7. 使我們關注在發掘精神分析反思所照亮之構成性脈絡的另一個構成性脈絡是，我們自己個人生命中的嚴重創傷，其所導致的是持續努力去克服破碎性失落、孤立與侵蝕人心之否定。

8. ？——待續。

【第二章】精神分析現象學的種子：
#　　　　　臨床經驗的建構

喬治・艾特伍

　　在一九六九到一九七二年間，我在堪薩斯城擔任西密蘇里州心理健康中心的臨床心理學博士後研究。吸引我來到這個機構的原因主要是其臨床訓練的主持人是一位傳奇的心理治療師奧斯汀・戴斯・勞瑞爾（Austin Des Lauriers），他也是《童年思覺失調症的現實感經驗》（*Experience of Reality in Childhood Schizophrenia*，1962）的作者。在那本書中，他認為所謂思覺失調者的核心狀態是患者災難性地失去真實感的體驗。因此心理治療最重要的工作內容就是鞏固與恢復真實感。雖然戴斯・勞瑞爾在著作中使用了醫學診斷的語言，但他基本的概念化發想來自於主觀經驗中所發生的事──這就是現象學的方法。回首過去，那段時間與他密切工作的經驗，讓現象學精神融入了我的思想。在我跟一位相信自己是上帝的女性病患工作時，他的督導對我形成了戲劇化且決定性的影響。這也就是我接下來要說故事，有關這位病人和她的治療歷程。

自稱為聖靈的病人

　　我正在受訓的某一天凌晨三點，我第一次在心理健康中心的診斷門診見到這個病人。她當時是由媽媽和兄弟帶來的，她興奮地睜大雙眼，汗水浸濕了她的衣衫，並持續大喊大叫。她大叫著

要去見很重要的人，我假裝自己是一本正經的重要人物，坐著準備聽她的故事。她解釋自己看見了很多金色的光芒在他家裡閃爍著，這些閃光進到她的房間，並且穿過她的身體。她說：「他們充滿我的身體，讓我快要爆炸了！」我問她覺得這個金色的能量是什麼？她回答：「我剛剛跟耶穌基督性交了！」

22　　　這個二十八歲的病人，我接下來暫稱她為葛瑞絲（Grace），接著被安排住院，由精神科醫師診斷為妄想型思覺失調症，根據的是《精神疾病診斷與統計手冊》第二版（DSM-II），代碼為 295.3。若單從醫學的角度來看，她非常契合這個診斷：明顯的思考障礙、不適當的情緒、有著視幻覺和自大妄想。但對我來說，我從一開始就感興趣的並非她的診斷，而是想要去理解她奇怪又驚人的想法。隔天，我追蹤了她的入院資料並向她提出邀請讓我成為她主要的治療師，而她也同意了這個提議。

　　　我在接下來的兩週，每天都跟葛瑞絲見面，並且向戴斯・勞瑞爾諮詢。在我們早期的會談之中，她幾乎都是在講宗教的東西，就算她已經說了很長的時間，我還是試著保持興趣並且專注地聆聽。

　　　她花了幾個小時的時間講的一個主題是天主教教會的歷史問題，她認為耶穌基督被刻畫出來的形象有著悲劇性的扭曲。「耶穌是人類，也是真實的。」她大聲重申「不只是遙遠的聖靈，他遭遇痛苦，他感覺到寂寞、他被背叛。他是一個男人、他是人類、他不只是上帝！」她似乎把糾正天主教教義中這樣片面的歷史觀點當作她個人的使命。我詢問她是否讀過《基督的最後誘惑》（*The Last Temptation of Christ*, Nikos Kazantzakis, 1955），該著作中有跟她相似的觀點，但她回說自己只讀過祈禱書和聖經。

在我們早期的工作中有第二個主題，是她宣稱自己和羅馬教廷官方和教皇本人有著特殊關係。在我們的談話中，她相信紅衣主教學院正在考慮對她封聖，也等待著將她宣布為聖人。她說自己與聖父有交情，也不只一次神奇地飛到梵蒂岡去見他。那栩栩如生的幻覺是，她緩緩飄落在教皇身邊，甚至是他的大腿上。

佔據她心思的第三個主題關注的是三位一體：聖父、聖子和聖靈。「他們是三個」她哭喊著「他們也是同一個！」她說聖父很神奇的，化身成為她教區裡的主教；聖子，則出現在她青少年時期非常依戀的心理治療師身上；而她自己就是聖靈。當我問她怎麼知道這些事情時，她從椅子上站起來大叫：「我就是道理、我就是真理、我就是光！」她在告訴我她就是上帝。我從來沒有遇過這樣的人，我也不知道該拿她怎麼辦。所以，我轉向戴斯·勞瑞爾，他指引了我一個方向。

當我終於和戴斯·勞瑞爾坐下後，我向他描述與葛瑞絲最初會談中的所見所聞，他對於其中充滿宗教妄想和幻想的細節沒什麼興趣。在聽完所有事情後，他簡單地說：「不錯，她在跟你說話了。這樣很好：有了一個開始。你可以開心些，至少她是真的想要跟你說話。」我接著問他，我應該怎麼回應她所關注的那些念頭？戴斯·勞瑞爾卻回我：「她的穿著如何？她的衣服長得如何？鞋子？她怎麼整理他的頭髮，或是她有整理嗎？聽你跟我說的那些，我在想她有沒有花精神在打理外貌。」我向他描述了她的外型：她穿著破舊的球鞋、褪色的牛仔褲和很舊的運動衫，再加上她的頭髮通常都沒有梳理，批頭散髮。

「太好了！」戴斯·勞瑞爾說。雖然，她沒有放任

何注意力在自己的外表上，但你可以告訴她「你有注意
到。」告訴她那雙破舊的球鞋很美，針對她的舊運動衫
讚美她。讓幽默感與友善的氛圍在你面對她時在你的眼
中閃爍，或許你也可以帶著梳子和她一起在鏡子前面把
頭髮整理好看。用開玩笑的態度跟她相處，甚至是梳你
自己的頭髮。

　　他進一步解釋這個做法的目的，是要讓我在她的世界裡建立
起一個具體的身體性存在，一個存在於時間和空間的人類，在物
理上跟她區別開來，但保持著對她有影響力的關係。這種介入方
式所希望達到的，是開啟一個可以促進她穩定現實感的關係形
式，並最終帶領她走向復原。

　　我問戴斯·勞瑞爾她是不是有可能會把這個談論她外表和身
體的經驗當作是一種性誘惑，當她真的這麼想的時候，我又該怎
麼辦？那時，我想起的是她描述過金色光芒，和她宣稱自己跟耶
穌性交。我記得他基本上是這麼回應我的：

　　　　你一點都不用擔心，這個年輕的女人正處在一個我
　　們所無法想像的災難之中，她所經驗到的東西都是比
　　性更原始的東西。你必須用一切你所有和你所是去靠近
　　她。你是男性而她是女性，當她覺察到這個差異性，也
　　會是她找回她身為人的自我認同時刻，而成為一個女
　　人。如果性的議題浮現出來的時候，你再處理這個問
　　題，這是現在最不需要擔心的。

　　接著，我回到了每天跟葛瑞絲的會談之中，並且試圖實行戴斯・勞瑞爾的建議。當她開始對天主教會歷史和她片面的神學觀點進入長談時，我仔細聆聽，但卻接著對她破舊的網球鞋提出評價。我對她一開始的反應非常驚訝，當我說她的鞋子很美時，她先是大笑，而且看起來一點都不在意被打斷。當她開始延續話題到梵蒂岡與紅衣主教時，我告訴她，她有一雙很美的藍色眼睛。再一次，她微笑，並且似乎接受了我的讚美。當她繼續說到三位一體時，我請她站起來，並且站在她身旁一起看鏡子裡面的自己。我接著梳了她的頭髮，稱讚了她淺棕色的頭髮。我也在鏡子 24 前面梳了自己的頭髮，並且問她我是否需要去剪頭髮了。我把我的頭髮梳成中分，問她這樣的造型好看嗎，還是長得像三個臭皮匠（Three Stooges，電視喜劇）中的其中一個。又再一次，她笑了。有幾次我帶她到醫院廣場散步，並且藉由在小水池邊碰碰水的行動，打斷她滔滔不絕的宗教幻想。我邀請她感受一下那個冰冷的池水，當她退後時，我會灑一些在她的臉上，再跟她道歉。她會因此笑一下，但還是回到她認為耶穌基督是一個男人而非上帝的想法之中。當她來到我的辦公室時，我看見她手臂上的抓傷和挫傷，我小題大作地討論這件事情，稱讚她的皮膚很漂亮，應該小心的保護才是。有時候我會從護理站拿一些透氣膠帶，幫她貼在傷口上。我當時覺得，最後的這個作法是一個好點子，那加強她的自我感和對身體界線的感受，將她的注意力從不斷流洩而出的宗教幻想中拉回。在我眼裡，她看起來常常像是迷失在自己的想像之中，經驗著自己似乎與這個宇宙合而為一的感受。

　　這就是我們頭幾個月會談的樣子，我每週會跟他見面五到七天，通常都是一個小時或更長的時間，並且不斷地聽著她的想法

與幻想。我持續著戴斯·勞瑞爾的督導建議，我在她有關宗教的漫長論述中穿插了我自己的評論和反應，把她的注意力拉回與他人在物理空間中同在的具體處境；我們在約定的時間碰面，從週一到週五，偶而加上週末。他建議我在會談的時間約定上大做文章，以此與她在永恆界的想像生活形成強烈的反差對比。我不想要讓這些聽起來像是我不停地在打斷葛瑞絲，完全不是。我在開始的數十個小時耐心聆聽她的長篇大論，也試圖在其中深入理解她所說的內容。有很多時候，她的幻想把我淹沒而我沒有辦法跟上她；很多次的會談都讓我感覺到困難和疲憊。那裡頭，主題一再再地重複。我看著她沉浸在我們如此的聯繫中，也每天都期待這個時間到來。每天早上我進到醫院時，她都是第一個迎接我的人，也是每天晚上最後一個跟我道再見的。她也開始送她的畫作給我。這當中很多是在院內的藝術課程中完成的，但其它是請媽媽從家裡帶來的。這些主要都跟宗教主題有關：聖母、受難、復活。其中也有一些看起來比較抽象，比如火的意象，寫著文字「我痛」（I AM PAIN）、「我生氣」（I AM ANGER）或更簡單的「我是」（I AM），以大寫字母潦草地寫在畫布上。我接受了這些禮物，並且告訴她我會保護和珍惜它們。她並不想討論這些畫作，她只是希望我擁有這些。我認為她將這些藝術作品交給我，表示她信任我並可以把靈魂交給我保管。但我並沒有把這些話說出口：我都忙著稱讚她的網球鞋。

25 那段歷史

我接下來想說說一些她的過往。戴斯·勞瑞爾一直以來對她的背景都沒有太大興趣，也不鼓勵去挖掘很久以前的故事。他的

臨床經驗是，對所謂精神病患者的心理治療做精神分析式的生命歷史探問沒什麼價值，他傾向於以此時此刻的方式工作，然後去指出當前正在發生的災難。但我無論如何還是會想要知道，在葛瑞絲的生命之中到底發生了些什麼，讓她變成我所看到的現今模樣。在我們早期的談話中，她偶爾會有短暫清醒的時間，讓我能夠隨著時間進展，蒐集一些有關於她童年發展的敘事。隨著她的復原，有些細節和反應是在我跟她多年後的對話中才浮現。而剩下的部分，就是我跟她工作完好一陣子後，回想這一趟旅程再逐漸補完的。

她生長在一個家中有三個孩子的愛爾蘭裔天主教家庭，有兩個兄弟，大家都由父母親照顧長大。她描述自己從小就是一個焦慮的小孩，覺得媽媽冷酷並紀律嚴明，但她的父親溫暖又充滿著愛。在她的記憶裡，有好幾次她坐在爸爸大腿上和跟著爸爸做家務的印象。常常在她被兄弟打罵，或是在噩夢中驚醒後，她會殷殷期盼他下午下班後回家，如此她就可以舒服地跟爸爸待在一起。在她的記憶裡面，小時候媽媽總是那個批評和懲罰她的人。

當葛瑞絲十歲時，她的父親陷入了一段無法解釋的嚴重憂鬱中。她描述母親會如何懇求他起床，穿好衣服去工作，但無論如何他都會拒絕並待在被窩裡。母親也曾經嘗試過要安排他去接受諮商，但他依然拒絕了這個協助。直到他突如其來的怒火猛烈爆發打破了他越來越深的憂鬱，他大喊大叫、一邊咒罵、一邊把東西往牆上砸。葛瑞絲說：「當我爸爸爆炸時，我感覺世界好像來到了末日！」她害怕爸爸，也害怕她的家庭，她祈禱著事情會變好。終於，某一個早晨他看起來好多了，甚至有點愉悅，她想像這是自己的祈禱終於獲得回應。而在那天稍晚，他離開家後，就

割了自己的手腕並且上吊身亡。

　　「一片黑雲就這樣降落在這個家」葛瑞絲描述「就像是一道無聲的牆。」沒有人告訴她爸爸發生了什麼事，直到兩天後她才從報紙上得知爸爸的死訊和實際的情況。每個人都遍體鱗傷，但沒有人對這件事情說出任何一句話。父親的遺體在沒有舉行葬禮的狀況下很快地下葬，而他的名字在接下來幾年間都沒有在家裡被大聲提起。在我看來，從葛瑞絲的角度來看，全家人就像是說好要假裝爸爸從來沒有存在過一樣。我想，在葛瑞絲的世界裡面最重要的人，在那段時間內有如被剝奪了身為人的有效位置，像是不曾來過這人世一般。

26　　她的媽媽因為自殺的影響掉入了自己的陰暗憂鬱裡，她在上床睡覺前總告訴孩子們，她很快就會死去。她告誡孩子們需要開始學習保護自己。葛瑞絲用吼叫的方式來描述當時媽媽的狀態：「我媽媽把自己封閉起來的方式，就是像是大門很猛烈地關上！」在這裡，毫無疑問，我們看到了雙重的拋棄，還有對她個人實在的第一次嚴重攻擊。

　　這些是葛瑞絲下一段旅程的背景脈絡：在神祕的祈禱中形成與耶穌基督的特殊關係。她想像並且深信自己與耶穌有一個直接的溝通管道，藉此耶穌所傳遞的神聖的愛，能夠填補在她家庭悲劇性發展中所感受到的巨大空虛。然後，她也感受到自己有能力將祂的治癒能量傳遞給他人；在當時，學校裡有一位罹患癌症的親近友人。葛瑞絲在她祈禱復原的過程中灌注了能量，但女孩最後還是病逝。那時她腦中就開始浮現：「耶穌基督拋棄了我！」但卻沒有任何人能夠知道她正蒙受的拋棄之苦，讓她覺得自己被丟進更深且隱藏著的懷疑與失落。

終於，青少年時期的葛瑞絲可以說服自己，她並不是被耶穌拋棄；而是她不夠完美以至於無法得到祂的愛。於是，在她年輕生命的前方，一條通路開啟，帶領著她去追求自身完美純淨的靈性，最終她也會與救世主的靈性結合。為了把她的心意付諸行動，她立志成為修女和傳教士，奉獻她的生命並幫助世界各地有需要的人。為此她許下承諾，要以完全無私、犧牲和壓抑自己對任何及所有事物的期待的方式度過餘生，這當中也包括了所有浮現出來的性慾。

在葛瑞絲十七歲時，她進入了修道院，但這樣的生活只持續了一年她又再度陷入情緒崩潰。最糟糕的想法又再一次進入她的思緒：「耶穌基督又拋棄了我！」她告訴我在離開修道院後的感受像是內在的死亡，而接下來的幾個月，她每晚都讓自己喝到不醒人事。在母親的督促之下，她終於去教堂尋求神父的協助，並且要求轉介諮商。她因此得到一位心理師的名字，他是天主教徒，並且因協助了許多情緒障礙的修女和神父而在社區中享有盛名。葛瑞絲和他每週會談，很快的，他成為了生活的重心，並且從未缺席。我問她是否在過程中提過自己與耶穌的神祕聯繫，還有在失去父親後那些歷經劇烈震盪的失落。她並沒有提過，也完全保密這些事情。她當時完全被心理師的紳士風範和溫暖所吸引，並在他的鼓勵之下申請了一個教區主教辦公室的兼職工作。我問了她在當時的諮商中都談些什麼，她表示他們大多都談一些日常生活，還有幫主教所做的事，以及她與媽媽和哥哥的相處。而他也很常談論他奉獻自己大部分人生在教會以及一些慈善組織。

隨著時間過去，葛瑞絲自己深愛著治療師的感受逐漸被高漲 27

但讓她沮喪的性慾張力所佔據。她感受到深刻的羞恥，但藏的很深。這個男人看起來是這麼單純且善良，但她自己竟期待著與他有性衝動的接觸。從我所能獲得的資料看來，他們的對談轉變為她不斷地說著自己的生活與工作，還有個人的掙扎，而他提供著情緒性的支持。兩股暗流匯聚成衝突與困惑，在她無法被言明的內在生活中竄動。一種感覺來自於她無法被自己的治療師所理解，而他正說著的那些話毫無意義，像是自己被遺棄一般；另外一股暗流則是自己彷彿站在一個全然的聖人面前。

她終於意識到，她自己確實是和自己的天主和救世主本人在一起。但此時此刻也感覺到了落寞與遺棄。在這個經驗後，她畫出了一系列充滿直線、三角形、四角形和不規則多邊形的畫作，或許這就是與他工作時的困惑所帶出的成果。葛瑞絲沒有辦法說清楚自己為什麼選擇這些形狀，我在心理暗自猜想這些符號所象徵的是她試圖從混亂之中找出秩序的挫敗，其中也感受到一種逐漸強化的情緒經驗，卻終究無法理出頭緒。她當時的治療師無法對畫作有任何評論，也對她日趨混亂的狀態毫無覺察。

最後，歷經三年諮商的終末，某一次她忽然離開椅子並且大叫「耶穌基督拋棄了我！」破壞了他們的談話。她說他當時驚訝到下巴都要掉下來，他在嘴裡咕噥著耶穌並沒有拋棄她，而她就頭也不回的離開了辦公室，再也沒有回來。幾天後，她就因為在家破壞了鏡子和碗盤的暴力行為，還有不斷大叫著上帝而第一次地被送進病房。我讀著從她第一次入院以來的精神科紀錄，看起來宗教妄想和執著這些主要的症狀都早已存在。她的治療師沒有採取任何行動來與她進行後續的接觸。

雖然她的精神科治療旅程就這樣開始，但在隨後的期間，葛

瑞絲還是在社區心理健康中心接受了數十次或更多的住院服務。住院時間從幾個禮拜開始到一住就是幾個月，相似的發病與住院情形反覆發生。她、媽媽和哥哥在家時，會因為她對宗教的妄想與幻想超載而演變成破壞性的行為，然後被送進醫院，有時候甚至需要借助警察的協助。當她接受藥物治療一陣子後，妄想就會慢慢消退然後出院。然後這樣的循環持續了八年，直到我和她遇見彼此。

蛻變時刻

剛開始和葛瑞絲一起工作的時候，我感覺我們的關係就像攀伏在火山之上。我幾乎每天都會見到她，雖然我們的會談有時候看起來能夠讓她冷靜下來，也使她比較能夠在某些時刻以合乎邏輯和內外一致的方式說話，但她始終會週期性地出現宗教幻想的干擾，並且對著上天大喊。有一次，當我和另一個病人打撞球時，她忽然闖入把我們兩個推開。隨後她拿起了母球並高舉向天，哭喊著說：「這就是聖靈！」接著把球重重地摔在球桌上，很用力地把它射向其他球。當有些球因此而掉落桌檯時，她看起來似乎很喜悅。另外有一次，她干擾了我為其他憂鬱的女士們安排的賓果遊戲，站上了中央的檯子，開始原地旋轉並且尖叫著：「我被治好了！我被療癒了！我被拯救了！誰是那個救世主呢？就是那個男人，艾特伍醫生！呀比～～」還有一個場景，是我在早上抵達時，看見她在醫院裡很誇張的來回走動，跟另一個開玩笑說自己就是上帝的男子挽著手。她一看到我走進來，就大聲跟我說：「在上帝的見證之下，我們結婚了！」

葛瑞絲的宣告總是充滿著猛烈的強度，像是全能地知道所有

事情，沒有極限，一種無所不知的確定感讓她未曾感到懷疑。戴斯·勞瑞爾持續支持著我的工作，我試著用各種方法讓我們的互動更穩固些。但她對宗教信仰的熱忱看起來只有不斷增加。我記得我在幾個月的工作後曾經問他：「我要花多長的時間來跟一個和上帝訂婚的女子討論她腳上的網球鞋？」我記得她笑著問我她更完整的描述跟表達方式。我告訴她一些當時她所說與所做的紀錄細節，所有的事情都圍繞著她跟上帝的關係。在這個關係當中有一個核心的想法，也就是基於三位一體的奧祕，她自己本身就是自己的上帝。戴斯·勞瑞爾聽了以後說：「她真的就是一個生病的女孩，不是嗎？」

隨著我們每日的會談進行，對我來說她的狀態看起來沒有變好甚至變得越來越糟。我能夠保持治療介入是因為我們彼此塑造了一個穩定的情境，但就像戴斯·勞瑞爾評論的，不知道要去哪裡的感覺似乎越來越強，而她對於上帝充滿熱情的表達也越來越強烈。我也越來越想把我的頭髮扯下來。

葛瑞絲在這個階段告訴我一個祕密，這個祕密是她在先前的會談中一直有所隱瞞的。她說：「醫生，有一件事情我還沒有告訴你，我現在要跟你說。在這兩年間我一直在做著一件事情：一個計畫。」我接著問他：「什麼計畫？關於什麼的計畫？」她大喊著回答：「我想要找到我的黃金的計畫！」（MY PLAN TO REACH MY GOLD）第一時間，我無法理解，並問他「你的目標？」（GOAL?）她用怒吼著回應：「我的黃金！」（MY GOALLLLLLLLLLDDDDD）這後來得到了解釋。在過去的兩年間，葛瑞絲一直都在進行特殊的冥想與祈禱計畫，為了要改變世界並為衝突中的國家帶來和平，也為了解決地球上所有問題，並

帶來基督的二次回歸與時間的終結。「黃金」（GOLD）這個詞包含了兩個念頭：目標（GOAL）和上帝（GOD）。這是她努力想要與神合而為一的明確目標，也曾有夜裡閃耀的金色光芒朝她而來，穿過她的身體。

　　這「計畫」的執行，還涉及了更多內容。當她開始進入冥想的狀態時，葛瑞絲會跟他的前治療師有一場會面，而主教也會在這個會面中。此時三者的融合很有可能會發生，三位一體閃耀出的光芒四射，緩緩上升進入天堂。她告訴我，我其中有一個很重要的角色：我要打電話給他的前治療師，幫他們安排一次會面，這就會是昇天儀式的序幕。「我知道我可以信任你，去幫我聯繫他並安排一次會面，艾特伍醫生，現在就打給他，現在！」她的這個指示讓我感到非常不容易，也沒有辦法預想這樣的會面會帶來什麼結果。我告訴她，我不確定這是不是一個好主意。她尖叫著回應：「你會這麼做的！如果你想了解我、成為我生命的一部分，你就會參與我的計畫、接受關於這個計畫的所有指示！快去做！現在！我的時刻就要來臨了！」

　　我告訴葛瑞絲我明天會給她我的答案，但其實是想著要如何從我們的會談中脫身。我就這樣留下不斷對我吼叫的她。出來後，我立刻安排了一個與戴斯·勞瑞爾的特殊諮詢，他聽著我重述這段對話；我記得自己向他描述了葛瑞絲的計畫內容以及她指示我擔任其中的角色時，他皺起眉頭，接著說：

　　　　你一直在說著她的計畫，那你對她的計畫是什麼呢？你的計畫是她會變好，然後有能力回家和愛他的人住在一起。在這裡，唯一需要被安排的會面是你跟她的

會面。喬治，我想這是一個你需要像太陽般升起並且閃
耀的時刻了。你需要與她正面對決，徒手肉搏、以牙還
牙。我認為，跟表現出來的樣子十分不同，她在被拋棄
這麼多年後其實想在自我之外找尋她終究可以依賴的力
量。回家想想，你明天要怎麼跟她說。

那個晚上，我對於隔天會發生什麼事情非常擔心。我從來沒
有反對過任何葛瑞絲說的話，如果我現在對她轉換態度，我沒有
辦法想像這個結果。但在此時，我已經跟她相處超過一百五十個
小時之久，也總是尊重、耐心和友善地面對著她。在那個晚上，
我竟然夢見自己跟她結婚，那是一個無法逃脫的悲慘婚姻的惡
夢。

隔天的下午我跟葛瑞絲見面，我們的談話跟之前完全不同，
對我們兩個來說都是。當她抵達時，我看到她準備好開始討論她
的計畫，但在她開口以前我就請她等一下並且聽我說我有一些重
要的事情必須要告訴她。她向我大吼說我「打斷了她！」我回
應：「不，現在是你在打斷！過去的這些日子以來，我都非常小
心地聽妳說話，但我現在需要妳安靜並且聽我說。」終於，她停
止說話。以下是我當時以一種冷靜堅定語氣說的話：

關於妳的計畫，我們已經討論了很多。我現在需要
妳知道，我對妳也有一個計畫。在我計畫中，妳會變
好而且有能力離開醫院回到家裡，和愛你的家人住在一
起。如果有什麼需要安排的會面，在這個星球上只有一
個人是妳要關心與他的會面，就是我！在我們一起的工

30

作裡面，我的計畫會被執行並且會成功。我需要妳接受
我所說的。這只關乎妳和我，與其他人無關。

在我陳述這一段話的過程中，葛瑞絲有幾次試圖打斷我，但
我無論如何都會阻止她這麼做，並且保持我的說話空間。我因此
必須重複說三次，有時候可能是用不同的說法。最後，她安靜下
來，然後開始哭泣。我們的會談整整進行了七個月，但在此之前
我從來沒有看過她哭。她一直哭、哭個不停、哭了二十分鐘，或
甚至更久才停了下來。她然後只說了三個字「謝謝你」，就離開
我的辦公室。

我還記得當天晚上我有多擔心我們剛經歷的這個面質會帶來
什麼影響。葛瑞絲會不會自殺？她會不會變得更糟，然後就在瘋
狂中消失？我第二天早上到醫院時，我發現她不在！她是怎麼辦
到的？他說服了員工放她出去一天回家探望。我打電話去她家想
確認狀況，深陷恐懼的我擔心自己會聽到她在屋頂上向上天大喊
著第二次降臨的消息。

電話後來由她媽媽接通，在電話的另外一邊她說：

　　艾特伍醫生，你做了什麼？葛瑞絲今天早上回到
家，表現得就像過去的她一樣！我們一起坐在門廊上喝
茶，討論著鄰居們的最新八卦！她說到想要幫我照顧這
個家，甚至想要找一份工作！艾特伍醫生，這真的是一
個奇蹟！

當天晚一點，葛瑞絲從家裡返回到醫院，她跟我坐下來談。

我發現她完全不同了；她說著她和媽媽所享受的開心時光，還有她對離開醫院之後的未來想法，也包括了一些想要找工作的想法，以協助媽媽維持家裡的經濟狀況。她很理性、一致，並且沒有宗教意念的竄入，在一個完全清醒的狀態。那天跟我三十分鐘會談的結果，是她的那些所謂精神病症狀都消失了，無影無蹤。我從來沒有想過精神病可以如此，直到我目睹這個驚人的轉變。任何一個人都需要這樣的經驗，才能夠明白心理治療到底可以做到什麼程度。

幾天過後，我跟戴斯‧勞瑞爾見面，向他描述了我跟葛瑞絲高潮迭起的三十分鐘會談，以及後續她狀態的改變。他很開心我遵從了他的建議，也喜歡我實際上的做法。他說了一些他曾經面對過的嚴重心理障礙，和他如何在治療中經驗到相似關鍵轉變的故事，以及那些同時發生、令人印象深刻的效果。另外，他也提到了我這次經驗帶給他的聯想：雪萊‧伯曼（Shelley Berman）有名的喜劇段子。在那個搞笑段子中，喜劇演員描述了他試圖打電話給姊姊，但電話是由他年紀非常小的外甥接起來的過程。小男孩基本上是在跟舅舅玩遊戲、戲弄他，用裝笨的方式拒絕把電話交給媽媽，就算他把電話掛斷，又另外打了一兩通電話狀況依舊。這個過程不斷重複，不知道什麼時候停止。這讓雪萊‧伯曼感到很疲倦，直到最後他對著男孩大叫：「我是上帝，把你媽媽叫過來！」男孩瞬間嚇壞，立刻就答應。

我最近在 YouTube 上找到這個有趣故事的影片。在那當中，雪萊‧伯曼不只說自己是上帝，他告訴外甥，如果你不馬上把電話交給你媽媽，閃電會打在你身上，把你燒起來！對葛瑞絲來說，我可能沒有那麼具威脅性，而且我也沒有宣稱自己是上帝，

但我的確推動我自己的計畫來幫她變好，而效果上就等於是把她
要世界終結並且和上帝一起上天堂的規畫用力推回去。而她，不
只是接受了我提供的選項；甚至像是溺水的人抓到浮木般，擁抱
了這些計畫。戴斯・勞瑞爾認為，這就是她一直以來在要求並尋
找的。

　　發生在葛瑞絲身上的這個轉化奇蹟有持續下去嗎？並沒有，
在之後的幾個禮拜，她陷落了幾次、再度被宗教幻覺和妄想消
耗。每一次我都必須重複我的聲明：我們的一起工作的核心是要
找尋一條療癒的道路。不過，每一次都變得容易一些了。在兩個
月之後，關於她之前的宗教意念闖入漸漸消退，再也沒有發生
過。

　　回顧這兩年持續和葛瑞絲做心理治療的經驗，有兩件事會來
到我的腦海。第一，她的依賴是非常原始而極端的。如果我遲到
了，就算只有幾分鐘，她會陷入非常恐懼的狀態。她常常強調我
在她的生命裡是一個很有力量的人，偶而會說我擁有高尚的靈
魂。在這些說法中我看到，她正在把我當作是一種上帝形象的存
在，我選擇不直接回應這個想法，因為我認為她正利用我們的連
結來聚集她混亂的個人宇宙。而隨著葛瑞絲的復原歷程，第二個
發展方向出現，那是與父親自殺的情緒反應有關。她用很長的篇
幅談論爸爸過世對於媽媽和兄弟的影響，並為了這件事情痛哭幾
個月。對他故意結束自己生命的憤怒也在這個時期浮現出來，她
很懷疑自己能不能夠原諒他做出如此結束生命的選擇。她的生氣
也不只是為了自己也為了她的兄弟和她的媽媽，尤其是她的媽媽
在這場自殺之後幾乎被摧毀殆盡。

　　我跟葛瑞絲的治療會談持續到第三年才結束，後來我們一個

月甚至更久，才會見面或談話一次。但我們在後面的三十年間，
都還有保有聯絡，在生日和聖誕節時會互相祝福。葛瑞絲是一個
虔誠的天主教徒，幾乎每天都參加彌撒，在教會中擔任兼職秘
32 書，與她的媽媽和兄弟同住。她對他們來說是一個喜悅。她也喜
歡動物，並在隨後幾年進行許多貓狗的救援。葛瑞絲在五十九歲
時過世，死於突然的心血管疾病。我為此感到非常悲傷，因為她
是我所認識過最好的人之一。

對話

羅伯：喬治，這是一個很棒的臨床經驗，很生動地描述了那些我
　　　知道對你帶來長久影響的事件。在你前面的引言中，你說
　　　跟你敬重的戴斯・勞瑞爾一起工作，替你「注入」了現象
　　　學精神。你可以多說說這方面嗎？他究竟是如何地傳遞這
　　　種影響力的？

喬治：在我遇到戴斯・勞瑞爾之前，我就唸過他的書《童年思
　　　覺失調症的現實感經驗》（*Experience of Reality in Childhood
　　　Schizophrenia*, Des Lauriers, 1962），我當時就感覺到他雖然
　　　使用的是醫學診斷的術語，把其實是把經驗當作最核心的
　　　重點。回想起來，我對於這個潛藏在其中的訊息有很強的
　　　共鳴感，而這種感覺就像是一種也發生在我內在的激烈變
　　　化，它促使我思考什麼才是心理治療關係能夠走向復原的
　　　必要條件。這個共鳴非常強烈，讓我在心裡感覺到自己似
　　　乎也需要寫一次這樣的書，或者我應該在多年累積臨床經
　　　驗後，有能力寫出這樣的書。書中的理路對我來說有一種

異常的熟悉感，就好像是我早就已經讀過；或是他把我心中那半成形的、殘缺的直覺搜集起來，並將其延展和深化成一個優雅的架構。這樣回頭看來，我想我是對他潛藏其中的現象學有所反應。

羅伯：但是，當他寫「思覺失調症」時，就已經使用了一個非現象學的態度，實務層面來說甚至是反現象學診斷概念的。這很令人困惑。

喬治：沒錯，這的確是令人困惑的，而且我想這是因為他自己本身也困惑著。仔細思考的話，就會發現戴斯·勞瑞爾這篇名著的命題本身就是矛盾的：他討論「經驗」——這是現象學的——然後他又討論「思覺失調症」——屬於反現象學的診斷性用語。在一九七〇年代中期，我曾經跟他討論這個部分，他說使用診斷性語言是刻意安排的，目的是要接觸到更廣泛的精神醫學社群，並散播他的想法與發現。他的書中也借用了很多精神分析自我心理學的用語，對他來說也是為了跟精神分析的世界產生更多接觸。他認為自己當初的這個決定可能是一個錯誤，因為其中的語言使用掩蓋了潛藏的現象學訊息和強而有力的治療意涵。我現在認為戴斯·勞瑞爾是完整的現象學脈絡論演化進程中的過渡性人物，他將此脈絡論演化進程應用到自我毀滅感的極端處境中。這說起來有點悲傷，他是一個真正的天才，而我正崇拜地跟隨他走過的路。

羅伯：我們會在之後的章節繼續討論診斷性用語的議題。關於葛瑞絲你覺得她經歷了一段個體性毀滅的感受，或者說她情緒世界的崩塌，是起因於她父親的自殺？當她沉浸於上帝

33

和耶穌基督的關係中，她有沒有嘗試讓父親與她的世界復活過來？她是不是需要在你身上讓父親復活來替代他？當戴斯・勞瑞爾要你像太陽般升起並且閃耀時，雖然沒有明說，但他有沒有感覺到這種處境？

喬治：葛瑞絲父親的自殺，隨著家人們的選擇性遺忘他的死亡和人生，成為了一場摧毀她世界的颶風。她曾相信她的父親是愛著她的，但他又怎麼能刻意選擇死亡呢？他曾經是她情緒的中心，但在他死後隨之而來的寂靜，就好像抹去了他曾經存在的事實，就像他從來都沒有以一個人的身份存在過。這雙重的失效，對我來說，就是打擊了她生命中所有她相信的。我看見了她轉向了耶穌基督，並藉由將父親的角色置換為一個永遠不會離她而去的上帝，試圖拯救正在崩潰的個人真實。這個穩固葛瑞絲世界的功能，毫無疑問地隨著被拋棄的恐懼再度從大量的創傷歷史中升起，最終轉移到我身上。戴斯・勞瑞爾清楚地看到，在修復她破碎的宇宙時，我必須成為她堅定的中心。

羅伯：毀滅性失落意味著一個人的情緒世界的崩塌，然後開始尋求復活。我知道這個主題對你個人來說也是非常熟悉，喬治。或許這也正是為什麼你可以這麼連結葛瑞絲的經驗、也同時是你崇拜戴斯・勞瑞爾的原因。再請你跟我說說這個部分。

喬治：實際上，葛瑞絲和她的悲劇開啟了我個人對於失去的破碎經驗。我的人生在她出現以前，幾乎沒有意識到自己在童年時期失去一個摯愛的家長對我來說有如此深層的影響：我的母親在我八歲的時候驟然離世。看著葛瑞絲

帶著這個因為父親自殺而造成的情緒災難，也使得我逐漸地放下自己的哀悼。另外，在她與我對於悲劇的反應之間存在一個平行關係：基於對失去的理想化父母的認同，我們兩人在生活中都採取了一種拯救態度。我把我對這種相似之處的初步認識寫到我在職業生涯早期的一系列論文，其中一篇是我們的第一篇合作論文，〈彌賽亞投射與早期客體關係〉（Messianic projects and early object relations, Stolorow and Atwood, 1973; Atwood,1978）。我們兩個人，在我看來，都是成為他人的拯救者來使我們失落的世界復活。我有能力深刻地連結到葛瑞絲的失落經驗，但前提是我必須有能力揭露我自己埋葬起來的悲傷。就像你所知道的，喬治‧艾特伍對於母親的失落故事後來對他生命和想法的影響都被記錄在我們的書中，第二版《主體性的結構》（*Structures of Subjectivity*, Atwood and Stolorow, 2014）當中的〈現象學脈絡論的妖魔〉（The demons of phenomenological contextualism）章節。

　　我不太確定這與我對戴斯‧勞瑞爾英雄式的崇拜有什 34 麼關係，雖然我也確信這是必然的。我與他的督導關係中，還有許多充滿挑戰的臨床案例都是他帶領著我突破的，我無法想像這些事情如果沒有他的提醒將會如何。他看起來總是能夠瞭解我呈現給他的狀況，而且知道要做什麼。相同的模式總是重覆：我會和嚴重精神錯亂的病人糾結一起，進而在治療中產生一些危機，這時我就會跑去見戴斯‧勞瑞爾尋求一些金句，然後我會執行他的建議，這些危機就得到了解決。我和葛瑞絲之間發生的是一個普遍

模式裡的特殊案例。他很清楚地看見我從他身上學了多少東西，以及他如何成為我在治療師發展歷程中的一位深具影響力的導師。他完全接受，並且告訴我在他的早期訓練中也經歷過同樣的經驗。

羅伯：那關於我先前提到，葛瑞絲是否經驗到一種個人性毀滅的感覺呢？我認為基於她的感受，個人情緒世界的崩塌會是更恰當的描述方式。所謂世界的崩塌和一個人自我感的崩塌是不是同一件事情，或者是兩者之間有什麼不同的嗎？

喬治：在我們先前著作的書《體驗的世界》（*Worlds of Experience*, Stolorow, Atwood,and Orange, 2002）中的最後章節，我曾經這樣討論過這個問題：

自體的體驗和世界的體驗兩者互相交織、密不可分，其中一個發生任何巨大的改變都必然會相繼引起另一個的改變。例如，自體的解體並不是一個主觀的事件，個體的自體感若不知怎麼被抹去了，個體其他方面的世界要保持完好無損是有困難的。自體喪失的體驗意味著喪失了一個持久的中心，這個中心與組織個體體驗的完整性是有關的。因此，一個人自體的解體會不可避免地導致個人體驗在一般意義上的瓦解，最終的結果是喪失世界本身的連貫性。同樣地，世界整體性的崩潰意味著喪失了與自體感的定義和維持有關的穩定的現實，並且自體碎裂的體驗也會不可避免地緊隨其後。因此，世界的瓦解和自體的解體是同一個過程不可分離的兩方面，是同一個心理災難的兩面。

（p. 148）[1]

　　我還記得在剛開始跟葛瑞絲工作的前期，在我們還沒有經歷突破的前幾個月，我在一個由戴斯・勞瑞爾主辦的研討會中報告葛瑞絲的故事。在那個早期階段中，我正在試圖建構她的主觀處境，在報告中我認為沒有「自我」（ego）出現在她的世界中，而「我」（I）的感覺似乎在她關於耶穌和三位一體的幻想和妄想漩渦中消失了。戴斯・勞瑞爾說他對這樣的理解有著高度興趣。我同時也將她早期交給我的許多畫作納入我們關係的思考，特別是那些代表著吞噬火（consuming fire）的文字：「我痛」（I AM PAIN）、「我生氣」（I AM ANGER）和「我是」（I AM），在畫布上以大寫字母潦草地寫著。這些創作在我看來毫不掩飾地表達著她對被抹滅和被掩飾的感受提出強烈的抗議。

羅伯：你認定戴斯・勞瑞爾對你的影響像是被「注入」了現象學理解，並且從中獲得「金句」而隨之執行。葛瑞絲向你自我介紹的時候，也說自己被耶穌基督的「金色光芒」注入她的身體，也就是她後來描述為「性交」的部分。你怎麼思考這個平行經驗？這個共同的主題是，你們對於理想化父母形象的認同結合。這種「共同」（commonality）是我們所說的，在你們兩個人的情緒世界之間互為主體性連結的例子嗎？

35

1　　編註：本翻譯出自《體驗的世界》（心靈工坊，2021）。

喬治：對於你的提問，我會毫不猶豫地說「對。」有時候我會感到心理治療的療癒歷程總會也必然涉及平行狀態，像是病人經歷的心理改變鏡映著在治療師身上發生的相應變化。在我的照顧之下，葛瑞絲利用我們的連結，為她自己的個人認同建立嶄新的一致性；而我這邊，在戴斯·勞瑞爾的引導之下，帶著我從他身上學到的一切，進入到一個統整的心理治療取向。在我們兩個人的經驗中，這個個人轉化歷程都包括了逐漸接受災難性失落，以及在深度哀悼的覺啟。

【第三章】信條──現象學的探索與反思 37

喬治・艾特伍

接下來想要談的，是我身為一位心理治療師的自身經驗，以及這些經驗所引發的個人哲學。這些材料被組織成一整個系列的思想體系，成為了我在重度心理障礙領域的工作核心。

1. 研究瘋狂

當我還是一位剛開始接觸精神分析的年輕人時，我發現在極重度心理障礙的學習讓我可以探索人類本質的根本構成要素。我曾想，沒有什麼比身為心理治療師更能夠有機會探求有關「人」的新知，並更深入認識這麼有趣的事。而我，何其有幸可以在過去的半個世紀追索此一迷團。

可能有人會問這樣的問題：到底什麼可以被認定瘋狂？總結地我會這麼說。瘋狂不是疾病，它不是存在於一個人內在中的一個條件，也不是一個有著客觀性存在的事物。瘋狂是人所可能擁有的一種體驗，它的本質核心是墜入了虛無（falling into nonbeing）。瘋狂是既有秩序瓦解了並陷入混沌，這會是人生最大的災難。所感知到的世界現實瓦解，並且一個人一直有的踏實與完整的自我感（一種「我是」〔I am〕的持續體驗）變得脆弱、不穩甚至消失。瘋狂即深淵，沒有比這更讓人恐懼的事了，即便是死亡也無可比擬。

我們的心靈可以產出對自身死亡的意義與圖像：我們可以描

繪我們所倖存的世界，可以認同於後來者，也可以透過我們的作品試著讓自我不朽。我們可以憤怒地反抗光明的消逝，也可以盼望在來生與失去的至愛相聚。我們可以思考人類存在的無意義與有限性。我們可以明瞭哀傷有盡。我們甚至可以佩服我們自己，因為根據我們所知，我們是唯一能夠接受自身終究不存之命運的物種。而瘋狂的深淵並不提供如此的可能：那是所有可能之回應以及意義的盡頭，其抹除了世界中任何可以真誠以對的事物，並且消融了任何參與回應之人。它比死亡更加恐懼，並且顯現在那些面臨虛無恐懼，也就是陷入對瘋狂恐懼之人的身上，他即便自殺也不願讓被恐懼所吞噬。

身為一位心理治療師，面對瘋狂之時會仿若置身於無指向的領域，既無法連貫地將目標與欲望指向有意義的未來，也無法組織既有的經驗以建構得以延續的過去。存在本身的秩序結構崩塌，所有有關個人身份的感受都被抹除，讓人開始恐懼被拔除了理智而陷入虛無。這就是瘋狂的恐懼，影響了所有毗鄰之人。

身為人類靈魂的探索者，我們如何進入這樣的黑暗領域？我認為我們需要一張關於此一混亂的地圖，一張我們將會遭遇到之變異樣態的圖示，以及一些我們該如何應對所遭逢之人類災難的一般性準則。我們也需要保護我們覺知自我的能力。臨床工作者所可能付出的悲慘代價，就是會被當作迫害者、被當作神、甚至被視為施加迫害的神。將病人視為瘋狂會造成已經深陷困擾的他們更大的傷害。

心理治療是這世界裡的一個世界，於其中病人與治療師凝視彼此的眼睛，並看見他們自己反射出來的樣子與他們所感知的真實或最渴切的需求相衝突。如此形象之間的不相合，導致雙方各

式各樣的困難，並逐漸鑽入慢性的僵局，並失去治療性連結的可能性。

我們治療師要如何對抗被捲入瘋狂的恐懼，以及對抗那些身陷混亂的人與我們所交織出的潛在暴力？有沒有不犧牲病人的治療師自我保護方法？關鍵只有一個：人類理解的力量。我們必須瞭解毀滅狀態，以及一個人表達其掙扎在如此狀態的所有徵兆與症狀。我們必須知道，一些被具體化或實在化的圖像實是被用以表達這些心態的典型象徵。我們必須使用我們的理解去找到對病人危機的反應，以幫助他們「重新」發現一處個人的中心，並且能再一次地感受被人類的社群所接納。這是臨床心理治療研究的工作，一個正在展開的新時代領域，因為物化「心理疾病」的舊思維已然消褪，以現象學為主的新焦點正在抬頭。

讓我提出一個不同於精神疾病診斷系統的想法，因為有些時候這些系統彷彿惡龍一般耗損著使用他們的人的心靈能量。其實，謹慎地研究心理困擾的症狀與徵兆，或者是努力地鑑別人們在這個領域中所看到的豐富現象，這都沒有錯。讓一切秩序化的規則應用於世，我們才不會在困惑之海中隨波逐流。然而，當我們將我們所觀察到的變異形成鑑別診斷時，問題就浮現了，這些分類診斷被實際化與客觀化，被想像為存在於我們想要理解之人內在的**精神疾病**。病人在極端的痛苦下實際化了他們的幻想，主要是為了想要證實他的個人現實受到攻擊而且受到瓦解的威脅。同樣，我們具象化了我們用以診斷的概念，將我們所面臨的混亂表現歸因為病人內在的疾病歷程。如此將問題定位在內部，沒有紮根於任何實際科學知識的作法，事實上讓臨床工作者卸除了負擔。他／她看到了什麼並不重要；取而代之的是，臨床工作者位

居上位且不染塵埃，從一個安靜超然的位置，謹守著警戒的防線，睥睨一切以形成鑑別診斷。這成為我們的護盾，讓我們免於對自己的經驗負責，並且完全無效化病人攻擊或想替換掉我們定義自己之方式的歸因。問題在於，臨床工作者是牽涉在內的：人們在我們面前的展現端賴於我們對他們的回應。人類經驗一定鑲嵌在關係的脈絡。如果我們的回應來自於精神醫學的物化診斷，我們就可以預期看到針對距離化與中立化的反應。如果這些反應又被歸因於所謂的精神疾病，那麼彼此的距離就會更遙遠，彼此的分際也將更為僵化。學習診斷系統固然重要，但是我們不可以讓它們成為我們主宰與實物化他人的視野。臨床工作者應該透過關注病人的經驗、透過反思自我而得到指引。對這個奇幻與複雜之國度探索，我們還在開始的階段。

2. 心靈的眾多祕密

很久以前，在我還滿懷熱情的年輕歲月，我總想像著，若謹慎分析精神疾病病人的所解組的經驗碎片，可能可以揭示人類本質的基本元素。儘管我已盡量探索，但是我無法說我有任何字面上的成就與進展。然而，在這個重要的旅程我的確有一個核心的發現，就是我自己。在碎裂的心房、破損的心智、無盡的虛無之中，好像我自己的生活模式也不知何故地刻畫在內。因為探索病人的靈魂，也得以讓我能一次又一次地抵達我自身生活世界的深處與起源。難道對於瘋狂的研究能夠讓我們有機會發現我們最深處的自我嗎？難道，透過幫助那些來尋找我們的人，我們的全心全意能讓我們也有機會撫慰我們自己的傷口？

　　我應該說說我對這類連結的早期經驗。第一個嚴重挑戰我的個案是在數十年前我遇見的一位女士，在前章有討論過。她全心相信她是神聖三位一體的一部分，並且與上帝相連。在我們初期 40 關係的動盪過程之中，她與我開始理解她所聯想到在童年時期所發生的災難經驗——她深愛的父親突然自殺。我看到這個悲痛的失落如何將她的青春一分為二：前與後、有父親與沒有父親的人生。隨著我們共有的旅程延續著，她也開始經歷她情感的整合，我則開始見證了伴隨著憤恨、心慟與毀滅之失效的創傷性分裂竟可逐漸平撫。在這個歷程的某個時間點，我無法肯定是什麼時候，我突然意識到，當我凝視著她的人生，我也在觀看自己的人生圖像。你看，我的童年也被分割為前與後，而這個分隔是因為我在童年時所遭逢的母親驟逝。當與病人談到悲劇如何災難性地影響了她的人生時，我也重回了我悲傷的過去。在見證她逐漸完整的緩慢過程中，反過來，我才開始有機會填補自己，一直持續到今天。偉大的德國哲學家威廉‧狄爾泰（Wilhelm Dilthey, 1926）有一句名言，他說所有人文科學對人的研究中，所有的理解都是「在你（Thou）中重新發現我（I）」。這個優雅的想法也映照著我心，因為在你（Thou）中的重新探索，我們發現了一面明鏡，讓我們自身的靈魂得以照見。

　　當我試著開始以研究瘋狂來探索人類本質的祕密，我有了一些新的想法。我將以一位我多年前認識的年輕人的冒險來說明這些想法。他在長期精神機構住院之前來找我，他說他找到了祕密，不只是人類天性之祕，而是宇宙整體的奧祕：那是關乎所有創造的關鍵。我請他告訴我這個讓人驚奇的祕密。他說，這個祕密是在一個異象之中被揭示的，透過這個異象，他看到了萬物的

關聯。在裡頭，宇宙是一個獨一的光景，以一種至高力量且光芒四射的統合消弭了分離與孤立。他已經探索到了存在自身的心與靈魂，並且不斷地喊出這個祕密：「萬物一體！萬物一體！萬物一體！」

我對這個「一體」的異象中所透露的個人經驗感到好奇。他的人生故事是悲傷的，裡頭有著沒有支點支撐的世界。他曾經是一個金童、一位早熟的天才，從小就在科學與藝術上展露了驚人的天賦。他的父母認定他是上帝所恩賜的禮物；對父母而言，他有著超然的意義並填補了他們空虛的人生。而孩子如他們所願，在學習的各方面都取得頂尖的成績，父母相信他們已帶給這個世界一位偉人。他以優異的成績走向了輝煌的人生起點，然而，在他大學畢業的前夕，他崩潰了。一個小問題絆倒了他：一個他非常依戀的女友決定與他分手。他對她的愛，雖然無可稱道，但表達出來的部分卻隱約包含著他的個人真實。對他而言，成為出色的成就者並且完美地合乎父母所求，在過去是非常輕易的事，但失去女朋友卻完全不同；對於一個幾乎沒有什麼可以真正屬於自己（都屬於父母了）的男孩來說，這是難以想像的災難。一段人生經驗還沒有開始就結束了。無言以對的痛苦伴隨著失落、一種無法理解的受苦，一切過去與女友相濡以沫的經驗就這樣彷彿被撕裂了。

就在這個時候宇宙歸一的異象顯現。每一個原子與亞原子粒子，以及每一個星系與超級星團都匯聚到了他的面前，形成了相互依存的巨型聯網。那是一幅讓人摒息讚嘆的華麗掛毯，裡頭蘊藏著萬物萬象。這位年輕人身邊的人們，他的家人、朋友與學校老師都認為他瘋了，並且決定讓他住院治療。可是，他正在做

的，其實是希望把世界重新組合，把所有分崩離析的事物重新接連如昔。

　　我開始認為他所見的異象是完全真實的。他確實遭逢了宇宙的一件奧祕，一個在這個原子論時代對我們全然隱藏的祕密。我們以為我們的人生是彼此依存的獨立心靈，是從母親子宮掉落到世界的小小自我。我們想像著我們的心靈有著內部空間，充滿著各種形式的心靈物件（思考、慾望、記憶等等），而以某種形式獨立於我們所處的外在世界。內在與外在的隔閡正有如我們將心靈與身體兩部份一樣。反過來，我們將宇宙本身視為一個由大事物與小事物所集合而成的寬廣空間，這些事物有些有著交互的作用，但每一個都有自己分離獨立的存在樣態。我們會著迷於這種異化與碎化的原子論點，認為它就是事物的本來面目，而不是將其視為被詮釋的本體論。這位年輕人，因為他遭逢世界解體的災難體驗觸動，得以突破了哲學的昏沉，突然地意識到了眾生一體。我認為他的發現很有力量，即便在我遇見他的時候他除了哭泣和吶喊之外表現得如此無能為力。

　　與這些棲身於極端心理障礙的人一起工作，向我們提供了戲劇性的徵兆來展示我們的自我感與對應世界的現實感如何嵌入了與他人所共享的脈絡。例如，我們可以看到，所謂精神疾病的「症狀」並非來自受折磨的獨立個體的內在整體處境，而是隨著此人遭逢他者所遇見的反應而變化。當被理解以及在社群中被他人接納的體驗取代了物化與無效化的反應，妄想與幻覺將發生明顯變化，而慢性化的虛無狀態也會消褪。正如偉大的精神科醫師榮格所懇認的名言：「思覺失調症在他們感到被理解的那一刻起就不再是思覺失調了。」（Laing, 1959）因此，身為臨床工作

者，我們參與了我們被召喚著要去介入的心理困擾，這需要我們用我們心中的傷口，對應我們病人內在的傷痛並理解他們。

但是，還有更多的重點。宇宙如此存在是要生產我們朝向存有的可能性，而一個深刻的論點是，它之所以如其所是，部分原因是因為我們在此對它有所意識。人類本就涉入世界顯現的方式。同時研究宇宙就是宇宙意識到自身。在人文科學與自然科學兩者之中，觀察者與被觀察者本來就是密不可分；組成現實的物質在鉅細靡遺的尺規下，變成了糾結且相互依存的現象，而不是全然分離的單元，維著本體論上的孤獨之中。

換句話說，這個年輕人是完全正確的。人們可能想要知道他究竟發生了什麼事。這很可悲。他的診斷是因為他所表現出的誇大歡愉，而躁鬱症就是他的診斷。他接受的治療包括多次的住院、強烈的電擊療法，以及一系列不斷變化的抗精神藥物。我後一次見到他時，他已接受十五年如此所謂的「治療」，他的狀況很糟、憂鬱、困惑、肥胖、無力工作，並且沒有女朋友。我很想知道如果有人能夠在他身旁坐下來，用一天、或一年、或是十年和他討論萬物一體的問題，會帶來什麼樣的結果。難道這樣的談話不可能讓一些好事發生嗎？

對於這個我已經說完的故事，我有一個最後的想法想要分享：這個被父母困住但也努力地讓破碎的宇宙完整的年輕人，是否可以成為一個明鏡，讓我可以看到他所映照的我？當我還是個年輕的大學生的時候，我有一個非常相似的自我探索。在接觸禪宗的脈絡下，我發現所有的二元對立觀點都是錯誤的，我們（西方）文化中的歷史與哲學中的每一個巨大對比：內在／外在、物質／靈魂、男性／女性、良善／邪惡、自由／決定論、我／你，

都是虛幻；我們相信它們是我們所必須從中醒來的虛妄。回頭看來，我看到我當時所深信的一元論點，竟與我母親逝世所帶來的巨大創傷有著重要的關係。也因此，我也將其視為我後來相信的統合性理論和哲學思想的導因。

3. 喜樂與苦難

所謂的重度精神疾病的深度心理治療會提供兩個彼此交織的可能性。一方面，一個人有機會幫助深陷困境，也許正面對著最深沉心理困境的人類同胞；另外一方面，遭逢最極端的人類經驗現象，以極端清晰與戲劇的方式展現著我們所有人生活中最基本的議題。而這是精神分析的核心與靈魂，並第一次地顯現在佛洛伊德的思想之中。精神分析一直是療癒受傷靈魂的途徑，並也是對人類存在與人類本質的深度探索。在十七歲那一年，我看到精神分析工作這個雙重途徑，而我無法不投身進入這個工作。有什麼會比這更有趣或重要的呢？

在瘋狂的臨床領域中工作會得到巨大的回報，但是也經常伴隨著強大的受苦。與處於極端心理困擾中的人們一起工作，就好像把一個人丟到混亂之中，意思是進入一個沒有確定結果的旅程，一路上經常經歷著令人痛苦的發展，並總是需要絕對的承諾。有時候，這個旅途會走向修復與豐盛；在其他時候，我們所有投注的心力都可能失敗，然後我們無可奈何地必須忍受著見證某人的毀滅。苦難就在那裡，因為我們知道沒有什麼是可以確定的，而且災難總是近在咫尺。另外一方面，我們的承諾是絕對的，意味著那裡頭有著消融冰雪與情感整合的希望，並且有著一

43

些非常美好的事物，值得義無反顧地追求這個希望。如果事情無解，也會有自殺或是其他無可反駁的災難，那我們就會死一千次。但是，若我們找到更好的途徑，鳳凰就會自灰燼中重生，個人就可以感受到參與神聖，獲得重生。

在我大學的期間中，我有一位教授反覆提醒他的學生不要將個別的心理治療當作一項職業。「你希望你一生之中可以幫助多少人？」他問道。「最多，二十五到三十人是吧？」他的想法是，我們這個領域應該要促進心理疾病的預防，並透過基於行為增強的原則建構廣泛的社會工程。我認為他的想法很淒涼，也讓人沮喪，因為他正在攻擊著把我帶到心理學的最初夢想。我那時候還太年輕，還沒有辦法做出完整的回應，但是我知道我不喜歡他說得如此斬釘截鐵。我現在認為個別心理治療本身就是人們自己可以找到最有效的預防方法，因為它對我來說，可以顯而易見地幫助一個人讓他拯救他自己的世界。心理上的困境來自於個人創傷經驗的歷史，這些歷史脈絡又反過來鑲嵌在複雜的代間循環之中。尚未處裡的創傷，甚至已經發生但尚未被認定的創傷經驗，又無可避免地被傳遞到下一個世代，然後再傳到下下一個世代；就這樣，歷史的因果成為一道巨大的鎖鍊，綑綁了歲月，好幾年、好幾十年、甚至跨越了世紀。

我們可以思考一下，當無可比擬的人類理解力量承受住了本來只會是那歷史序列所連結到的另一個被破壞的生命，就算那只是在個別心理治療中的一個好的時刻，所會具有的潛力。這條鎖鍊被打斷了，延續到下一代的不再是黑暗，而是治療轉化的光亮被傳遞而留了下來。我的老師沒有思考到的是，情緒整合是會擴散的，它會輻射般地暈散到人類周圍，並且對未來產生無盡的影

響。而他竟如此受限！然而，我們也可以問，他的創傷是什麼
呢？為什麼他認為他可以用龐大的行為工程計畫修復他的創傷
呢？當我沉思這些問題時，有一幅他尚未承認的絕望畫面就這樣 44
映入眼簾。行為主義就是這樣：一項理智行動，轉向純粹生理但
可預期它最終將失去了對於人類彼此可以連結的希望。

　　理解一個生命也會帶來智性上的喜樂，我將舉例說明。這是
有關一位著名的女演員帕蒂・杜克（Patty Duke）的例子，多年
前這位女性的經驗吸引了我的興趣。大家可以想像一下：這樣一
位年輕的女性，她要執行一件解救美國的任務，她認為來自國外
的影響已經滲透到政府的最高辦公室，她必須前往位於華盛頓特
的白宮並親自解決外國間諜所製造的災難。她不斷努力但也造成
了她自己具有毀滅性的憂鬱。當我研究杜克這近乎妄想的任務與
她的生命經驗背景時，我瞭解了她的早期經驗，其實是被娛樂工
業所奴役的結果：她的父母基本上把她交給了電視經紀人，讓她
成為家喻戶曉的明星，但是代價就是她被偷走的童年。很明顯，
闖入白宮的外國勢力是大眾娛樂世界控制人生的象徵。她最後
寫了一本自傳，記錄下她的發展歷程與她多次的崩潰（*A Brilliant
Madness*, Duke and Hochman, 1992）。然而，這部她靈魂旅程的紀
錄卻有著奇異的特點，其中一半的章節與她自己所撰寫的另一半
相互穿插，是由一位代表精神醫學的記者所撰寫的，記述她成為
精神疾病（所謂躁鬱症）病人的演變歷程。也因此她的敘述在兩
個位置間擺盪：一個是用她自己的話語所敘說的自身經驗，另外
一個是她服從醫學權威的故事。那些有關精神疾病觀點的章節就
有如白宮的入侵者，而在她自己的章節中，她的靈魂閃耀與自
由，至少她試著如此。她的早期歷史被他人接管了生活排程，而

外來的滲透者進入我們國家的自主中樞的妄想以及她自傳裡的奇怪結構，展現了一個重複的主模式：就是在她自我感的不可侵犯完整性戰場上令人心碎地一再戰敗。在這裡，迥然不同的元素在此相互交織成一幅波斯掛毯，它的美麗卻是在於其令人傷心的秩序與對襯。

　　人類的生命就是如此，一旦可以被好好深深地理解，就會顯現出不變的主題結構。我並不是說我們所有的世界都是圍繞在自我整合的戰爭所組織而成，有如帕蒂·杜克的故事一樣；我的意思是，我們每個人的人生歷史有著各自的宇宙與其獨特印記。我的人生活出了這些型態，其他人的人生也是各自精彩。一種強烈和有時會帶著一點點恐懼的滿足感，伴隨著對這些不論是自己或他人的統合性主題的覺察；此時最初的相異元素逐漸編織在一起，使得明顯的混亂讓位給凝結成晶的秩序。揭露這些事物會讓人喜悅。而將這些分析所依據的想法擴展到人類存在整體這更大的領域時，我們會認知到，我們所遭遇到的個別人生主題都附著於我們所共有的可能性所織出的網。

45 ## 4. 我們領域的未來

　　我們的時代充斥了巨大的改變與失落。我們見證到對終極質問的傳統回答逐漸消褪，因為賦予我們生命意義的堅固基石，被所有可能的事實與分歧之脈絡與觀點所造的旋風所動搖。不過，我們的時代本身仍舊是一個偉大的可能性。隨著鞏固信仰的結構逐漸消融，我們被扔進了一個開放的空間，一個只能靠我們自己的創造力填補的空間。焦慮與不確定感是這趟旅程之中無可迴避

的搭檔，但我們所期待到來的喜樂也是如此。我想像著一種逐漸浮現的世界觀點，它為了現世的時刻已經等了百年，並且已經對我們的領域有了重要的影響。在我看來，詮釋人類存在意義的新方法有著三個顯著的特徵：相互依存、自我反思以及責任。

1. 人屬於他或她的世界，無論是自然世界還是社會世界。我們所體驗的世界是我們存在的一部份，造就了我們是誰以及所是的內容。同時這個構成性的世界也是我們所造就的。一種積極並相互依存的新心態正在顯現，在這種心態中，這些說法並不牴觸彼此。

2. 種種脈絡如何塑造我們生命的反思覺察，在我們這個時代變得普遍，這意味著我們瞭解到，我們的所有信仰與價值：哲學的、信仰的、政治的、科學的，都鑲嵌於我們個人的存在經驗之中。我們可以說站在反思理解之外的絕對主義時代已經結束。而對終極答案與恆久基礎的渴求似乎永遠都是我們理解自己的一部份。

3. 我們正在肯認所有人類都是在相同黑暗中的手足（Stolorow, 2011），我們最終會接受這個觀點，理解我們是彼此的兄弟與姊妹，並守護著彼此。我們也會承擔起保護地球與世間萬物的使命。我可以預見，視如此責任之承擔為神聖任務的世界到來。可能有人會問我憑什麼如此樂觀，尤其是在這個充滿恐怖主義與狂熱主義的年代。我認為這些是宗教意識形態的垂死掙扎，即將讓位給新人文主義。

相互依存的主題讓我們可以重新概念化「個體」。可能有人會說，沒有「一個人」這樣的東西。顯然我的意思不是說人不存在，而是人的存在並不是要成為一個被孤立之物、處於一種存有

論上分離與孤獨的處境。新的世界觀打開了我們的眼界，讓我們
看到我們與他人不可分割的關係，這將改變我們如何瞭解所謂的
「心理病理學」；我將用一個臨床故事來說明。

　　有一位二十四歲的女士試圖闖入一位著名的鄉村音樂家的家
中，她的父母將她送到醫院來。我碰巧是這間醫院的臨床工作
者所以遇見了這個年輕人。她不說話，然後一動也不動。僵直症
（catatonia）這個診斷術語被我們兩位精神科醫師使用著，當時
他們正在思考診斷的可能性，但是我從來沒有想過這樣的標籤。
在我與她工作的第一週中，我每天都安靜地坐在她的旁邊，希望
她最終會開始跟我說話。而最後她真的跟我說話了，她告訴我她
活在另外一個祕密世界已經好多年了。這個世界由一個有名的鄉
村音樂明星所治理，並且日夜都會有許多人與她交談，他們就像
希臘悲劇的合唱者。在她與那位明星之間，一段戀情透過心靈感
應悄悄地發展，一直以來她都可以在她的世界裡長時間地發揮正
常生活功能（她有在大學選課學習），同時在絕大部分的時間裡
她活在她的祕密領域之中。

　　當她終於可以與她的愛人在身體上接近的時候，災難降臨
了。她真的去他家時，警察逮捕了她。合唱之聲本來甜美並充滿
愛意，突然變得越來越淒厲與咄咄逼人。如此理想化的幻想伴
侶，往往會變成迫害的角色；所經歷的想像領域，就會成為難
以承受的地獄。這個病人與喬安・格林伯格（Joanne Greenberg,
1964）非常相似，她寫了瘋狂文學中的經典著作《我從未承諾給
過你一處玫瑰花園》（*I Never Promised You a Rose Garden*）。喬安也
居住在一個祕密世界中，那是一個一開始充滿魔法與愛，但後來
變的黑暗並充滿怪物的地方。

　　傳統的精神醫學會認為這個故事裡頭涉及了嚴重的精神疾病，爆發在這位女士年輕的生命中，而疾病的名字叫做思覺失調症。她在住院過程中得到了這個診斷。然而，如果我們以前述的新世界觀點來看，這個所謂疾病的症狀將不再被僅視為在她體內不知何故存在的病理學處境；相反的，這些症狀可以被理解為它們有著複雜的關係與歷史脈絡，因為它們明顯與她的社會世界裡已經發生過以及正在發生的事息息相關。

　　在我們長期接觸的過程中，我逐漸瞭解到她情感歷史的中心，竟然是永恆的孤寂，而這卻是她的原生家庭成員所看不到的脈絡。她早已適應了父母的期望與需求、早已經成為透過出色學業表現來滿足父母夢想的孩子。她父母的婚姻同時也充滿著緊張與敵意，那是一場血腥的混亂：父親和母親肢體衝突不斷，並威脅彼此要離開對方。她試過竭盡全力地凝聚家庭，讓家庭的光芒可以閃耀；她也總是心心念念地一直努力讓父母感到驕傲、能夠開心。

　　這位年輕女孩極度想要取悅她的父母，並且努力阻止家庭的解體，於是在某個時候，她主觀的生活開始分裂了：一邊是她所促成的和諧適應，另一邊是尚未表達出來，但是卻逐漸增強的遺棄感與傷痛。沒有人能夠真正瞭解她的痛，因此她覺得受苦但卻無處可歸。就這樣，歷經一連串的分離以及她生活處境的變動後，在即將離開豆蔻年華之年時，她尋覓到了真愛。在聆聽他描述失落與離異、以及心碎與孤單的歌曲之時，她在音樂中看到了她自己的人生體驗，她找到了一個雙胞胎，一個在情感上有如鏡映的契合伴侶。反覆地出現在她的夢想與沉思之中，有一天他的出現突然變得如此真實；她沉浸在共同的情感之中，這是有如魔 47

法般透過心電感應傳達的情感。一直到當她最終嘗試要真實的面對他時，災難發生了。

我與她密切合作許多年，幫助他找到可以表達她內心深處孤絕與孤獨的詞彙，並且也幫助她對抗她愛人與合唱團所鳴放的警笛聲，這些聲音都與他連結著。這就是在這種情況下所需要的：耐心、付出與理解。我不想讓這個故事聽起來很容易，它一點都不容易。裡頭有著好多次因為祕密世界的進進退退，而且在最初我們接觸的幾年之中，她有著好幾次危險的自殺嘗試。她差點結束生命，而這也讓我感到受苦。但是最終有著夠好的結果。她慢慢一步一步把自己拼湊起來，並且開始找到與他人連繫的方式，在她的人生中表達出了美妙且具有創造力的靈魂。

我用了這個小故事說明了我認為在我所不斷提及之世界觀所影響的領域中，這些將會成為司空見慣的事。這位年輕的女孩有著心理的困擾，她的「思覺失調症」在這裡被視為鑲嵌於她家庭與生活的一連串反應，並且與她的創傷歷史以及她缺乏有效認同的經驗相關。從這樣的論點來看，她的疾病並不是完全從內在折磨她的病理學，而是一場長時間來自她與所有重要他人之人際模式的個人災難，這些模式在其中彼此交互轉價，無論涉及的是真實的或是想像的重要他人。

* * *

在未來幾年之中我們要面臨的一項重大的任務，就是將嚴重的心理障礙以現象學重新描述與重新將其概念化，然後以此新的理解為體，發展相對應的心理治療方法。這項計畫已經有了很大的進展，因此我們不會從頭開始。在眾多現象學家與臨床工作

的貢獻者中，我會列出：榮格、陶斯克、費登、溫尼考特、蘇
利文、佛洛姆‧萊克曼、賓斯萬格、席爾斯、連恩、戴斯‧勞瑞
爾、寇哈特、卡龍、史托羅洛，以及布蘭洽夫特[1]。

　　讓我提出一些想法與建議，尤是讓我們在接下來幾十年於我
們領域中朝向最有意義的方向可做的事。如果我還有三十年的時
間生活與工作，我可能會投身進行接下來這些工作。

所謂的思覺失調

　　在一九一一年的時候，有一本極具影響力的書現世──尤
金‧布魯勒（Eugen Bleuler）的《早發性失智症或思覺失調症的
群體》（*Dementia Praecox or the Group of Schizophrenias*）。除了將思覺
失調症一詞引介到了我們的世界，這本書更嘗試去描述、告訴我
們，最極端的心理困擾不但存在，並且具有廣泛且相異的不同樣
態。即便在今天以後見之明的優勢眼光看來，這本著作有著許多
重大的侷限，但它仍然值得一讀。這本書中的臨床描述被架構在
廣泛的笛卡兒式內在心理參照框架中，將病人描繪為與其世界相
阻隔，也把其困擾定位於病人的內在領域。除此之外，這本書圍
限於病人當下的症狀學，卻不考慮症狀鑲嵌於其中且獲得意義的
複雜歷史與關係脈絡。最後，這本書幾乎完全以醫學模型書寫，
將心理困擾視為在心智中的疾病歷程。

　　一項傑出的計畫往往要需要多年的投入奉獻，才能夠成為布
魯勒經典研究的現代化對應本。這會需要更多的細節去描述更
多具有多樣差異型態的瘋狂案例，並且必然聚焦於他們的主觀狀

48

1　　譯註 1：上述人名的原文為：Jung, Tausk, Federn, Winnicott, Sullivan, Fromm-Reichman, Binswanger, Searles, Laing, Des Lauriers, Kohut, Karon, Stolorow, and Brandchaft。

態。這樣的現象學重點會接續著生命歷史的觀點，從中展開的症狀—圖象（symptom-pictures）是關聯到其個人背景中的有關他人。只有一個方法可以達成我所建議的巨大工作：促成眾多臨床工作者與思想者的合作。這需要對研究中的病人付出長期承諾，如此對他們世界的探問才能紮根於歷史的深入探索，並且要涵蓋這過程中所達成之心理治療的本質。

布魯勒認為，在他那個時代被稱為早發性失智症的核心是因為心智所牽涉的種種分裂歷程，因此打造了精神—分裂（思覺失調症）一詞。這些包括邏輯聯想的瓦解、認知與相關情感的分離、正向與負向情感的分裂，以及私人現實與外在真實的分離。我的個人觀點是，未來對於這範圍病人的現象學研究將表明這些多樣的特質可被理解為繼發於個人虛無感之後的知覺分裂。這意味著主要困擾將會被視為個人自我感經驗的破壞或抹除。同樣核心的，將是與世界關聯感的消融，以及我們通常會體驗為真實與持久之感知的瓦解。在這樣的脈絡下，這些困擾中最明顯可見的症狀，就如同我們會在幻覺和妄想中所看到的，會顯現為具有恢復性或修復性的反應，以及把所有已然分崩離析的碎片重新組合、重新凝固那些已然消融的東西的努力。

另外一個浮現在我腦海之中的臨床故事與我正在思索的「理解」相關。我多年前的一位病人在精神醫療機構住院很長一段時間後來找我。那時她二十一歲，她描述她自己彷彿總是「許多碎片」般的存在，有著許多各自分離與獨立的「自我」，漂浮在一個奇特的空間之中，沒有共同的中心。她有代表性的自我、代表信仰的自我、代表政治的自我、代表喜劇的自我、職業自我和社會自我等。這些之中的每一個都代表著她的不同興趣與能力，但

是他們就像海中不同的孤島一樣，沒有任何一座橋連接著彼此。對我來說很有趣的是，在她住院的好幾個月之中，她的妄想一直困擾著她，她相信她是世界革命的一部份，是為了解放傳統的國家形式，並以全然接納的愛建立起大一統的政府。似乎，從她個人的分裂之中，她正在升起世界一統的夢想。她的醫生診斷她是思覺失調症，她對這診斷的意義表示困惑，也研究了布魯勒從希臘詞語中「分裂」與「心靈」所衍生的思考。她告訴我，一個更好的翻譯還是應該要尊重詞源學，但也更緊密地連結了她自己熟知的自我體驗，她說那是撕裂的靈魂。我發現她的說法顯然還是根基於她那有如碎片的感覺，我告訴她，她那具身入體的說法，是我聽過有關於這個主題中最精確的事。我們一起工作了數十年，並相處得很好。

所謂的雙極障礙症

　　我在《瘋狂的深淵》（*The Abyss of Madness*, Atwood, 2011）這本書中聲明了，當今最重要也最前衛的臨床精神分析研究是對雙極性障礙症（bipolar disorder）、也就是我們所知的躁鬱症的心理治療研究。當然，這些醫療診斷術語的形式嵌入了笛卡兒式的客觀化世界觀之中。被如此診斷的病人會如何在現象學的鏡頭下顯現仍然有待觀察，而且現象學的治療方式對於他們形成了怎樣的創新仍然有待定義。

　　伯納‧布蘭洽夫特（Bernard Brandchaft）從許多病人的體驗核心，提出了他的驚人洞察；他展現了病人擺盪於躁狂與憂鬱之間的疾病型態。在他《邁向解放的精神分析》（*Toward an Emancipatory Psychoanalysis*）這本書中（Brandchaft, Doctors, and

Sorter, 2010），他再次看到個人虛無感的問題，其中躁狂的發作狀態表達了來自照顧者的虛無化連結所形成的暫時性解放。相比之下，隨之而來的憂鬱則表達了連結的恢復。這些患者在適應化以及個體化兩個方向的人格發展出現了歧異：一方面，病人順從地服從權威，並且在他／她的自我感中置入了他者的目標與期待；另外一方面則是對此等囚禁的光榮革命，以擁抱閃耀的自由。當然，這種魔法般的解放不會持久，因為沒有人也沒有東西會支持，所以解放會崩塌，然後陷入黑暗的沮喪之中。對於那些未來會對這類病人進行心理治療的人，我的問題是：是否可以促成建構一個新中心（new center）的體驗，一種可以整合順從與反抗的某種形式？有沒有可能臨床工作者的共情共感（empathy）可以成為一種媒介，讓過去被中斷的發展歷程得以

50 重新啟動？可否以對病人生存急迫性的深刻理解促成具有建設性的影響，將病人帶出雙極惡夢的無邊命運？

　　偉大的精神分析師佛里達・佛洛姆－萊克曼（Fridea Fromm-Reichman）在一九五四年發表了現在已然成為經典的臨床研究。它的標題為「對十二例躁鬱精神病症患者的深入研究」。這項研究所得出的結論是，這些病人在他們家庭成長歷程之中成為了延伸的照顧者，而非擁有自身主權的獨立存有。我想看到這項工作的當代對應，仔細地追蹤雙極症病人的主觀世界與生命歷史，並且探討有哪些外在限制礙了我們治療師有效地阻止他們的破壞性模式與穩定其生活。這項計畫得以成功的關鍵將來自於布蘭洽夫特的洞察所形成的嶄新理解，強調病人需要從受囚的生活中找到解放之途，並確保這些途徑不會導向有如躁狂發作的無結構混亂狀態。

　　來自於凱·賈米森（Kay Jamison）的經典《不安的心靈》（*An Unquiet Mind*, 1995）提供了一驚人的例子說明雙極症的雙面性。這位作者述說了她身為一位年輕女性在服用情緒穩定藥物的議題上與醫師的長期對抗故事。他們的爭論來來回回，她試圖捍衛她的生活，使其不被醫療所侵犯，而她的精神科醫生告訴她，她患有一種有生物學基礎的精神疾病，也因此她一定需要藥物來保持她的生活功能。最後，凱非常不情願地同意開始規律服用鋰鹽並進入療程。但是當她到藥局去拿她的處方時，她突然被一個恐怖的景象所驚懾。她彷彿看到大量的毒蛇正在靠近她，並且預見了這些危險的生物將可能攻擊她與所有她在意的人，讓她們的身體注滿致命的毒素。所以，她買了鋰鹽，也一起購買了所有被蛇咬的所有相關套裝藥物，希望能使用它們拯救自己與他人，越多越好。

　　這裡是我對此一關蛇的錯覺所可能象徵的理論思考。這些想像生物的毒素，即將被注射進入凱她自己與毫無戒心的大眾；毒素代表著她醫生的診斷權威，而她正在屈服權威的過程之中。她先依自己的意願反擊但隨後卻屈服的主題也出現在她描述為對抗壓迫控制的早期生活之中。這位女士傾向服從與投降的那一面正在將她先前抗拒事物的醫學歸因接納到她的自我定義中；另外一面的她想要保護她的自我完整，讓自己免於被侵犯而失去自我，而用蛇毒的解毒劑武裝了自己。凱不顧一切的購買蛇咬的救生包，與派蒂·杜克試圖將想像中的外國間諜趕出白宮的行動有著很多的相似之處。很明顯的是，這兩位女性似乎都沒有意識到這種象徵性連結。所謂的雙極症的病人似乎常常生活在一個極端具體的世界之中，這也讓她們的人生異常地無法澄清自身的主體

性。

51 瘋狂與創造性才華的一線之隔

　　另一個我最喜歡的主題，是我希望能夠在未來數年中得到關
注的，有關創造力以及其與瘋狂與創傷的關係。我認為我們生活
中傷害我們最深的事件與環境，有時甚至會讓我們陷入自我虛無
化的經驗，也可以被視為我們可以透過創造性想像力取得巨大成
就的重大因素。

　　我在一間大學負責進階的研討會，每年我都會在課中選一位
具有極大創造力但也有一點點瘋狂跡象的人物進行研究。從這長
長一系列的分析中，我得到了意外的普遍性：幾乎在每一個案例
之中，都有證據表示創作者的個性中存在著深刻且無法調和的衝
突，這種衝突可能造成分崩離析與瘋狂，但似乎可被創造性的行
為所整合。這種分裂的特定內容因人而異，但是如此的二元對立
性的出現卻是一致。在《瘋狂的深淵》的最後一章討論了四位分
裂的才華者：索倫‧齊克果、佛列德利希‧尼采、馬丁‧海德格
以及路德維希‧維根斯坦[2]。

　　若如此的探究可以包容更多的藝術、哲學與科學的主要人
物，以便瞭解如此明顯的模式能夠多麼普遍，我會非常有興趣。
同樣重要的，是要仔細研究，創作的活動如何把創作者心中的天
人交戰整合為一。我認為透過這樣的理解，能形成創新的治療方
法，並得以幫助那些注定生活在癱瘓與絕望的人們。如果我們能
尋得能把錯覺與幻想轉化為藝術的方法，這難道不是在我們領域

2　　譯註 2：上述人名的原文為：Søren Kierkegaard, Friedrich Nietzsche, Martin Heidegger, and
　　　Ludwig Wittgenstein。

中一件美好的發展嗎？

我將以我在大學的研討會所分享一位案例——偉大的德國詩人萊納·瑪麗亞·里爾克（Rainer Maria Rilke），來進行分析。里爾克的作品圍繞著對靈性與鬼魂的關注。他自己內在居住著他姐姐的靈魂，她在他出生前不久就過世了。他的母親悲痛欲絕，獨自撫養著兒子，認為他是死去孩子的轉世。看看他母親為他取的名字：里涅·卡爾·威廉·約瑟夫·瑪麗亞·里爾克（René Karl Wilhelm Josef Maria Rilke）。人們用來稱呼他的名字：萊納，並沒有出現在這個序列中。那來自他最初的名字里涅的男性化用語。他後來因受到他的情人盧·安德列亞斯·莎樂美（Lou Andreas Salome）的影響而改名。

里爾克的名字中，那一連串的男性稱謂夾在開頭與結尾的女性稱謂之間。她的母親因為失去女兒，把他的名字與靈魂封閉在一個欲復活的女性圖象中。她給他穿上女孩的衣服，鼓勵他玩洋娃娃，並且解釋他早期在畫畫與水彩的興趣是來自於女孩本質的緣故。生為男孩，他卻被當成女孩般地養大。

已逝姐姐的靈魂住在小男孩的體內。雖然女性的靈魂從來沒有成為他的全部，但「她」確實在他成為一位男孩的經歷裡與「他」交替的出現。有時她的現身會被感覺好像帶上了神祕面具；當這個面具開始溶進他的臉並且取代掉他的男孩的認同時，問題就會出現。或者其實他應該是那個他被養育而成的女孩，但卻被男孩的面具所取代了呢？在其他時間點，這個相異的魂魄會在體內爆發，吸乾了所有的活力並且追尋著自己的獨立生活（Rilke, 1910）。再一次，這個靈魂可能已經是從男孩體內所浮現的女孩，或是從她母親所看見的女孩深處爆發的男孩身

52

影。對里爾克來說，總是兩者兼顧（both/and）而不是非我即彼（either/or）。他在詩詞造詣的天分，關鍵在他能夠擁抱雌雄同體的雙面本質，並且這個天分讓他可以抵禦發狂。

在創作者的旅程中，靈魂內部幾乎總是存在著分裂，若不去理會它，這種分裂會攜帶著往更深處的瘋狂可能。而創造力的行動提供了一條可以超越和統合的途徑，並且可以保護自我，對抗心理崩潰。我們可以在藝術家、哲學家與科學家找到無數的例子。我們需要把已然撕裂的事物放在一塊並形成恆常的張力，這將引領創造力盤旋飛升。我相信是值得以一生研究學習的主題。

5. 治療師自身失落的童年

幾乎我所認識的所有心理治療師的生命中，或至少在那些致力於嚴重疾病的工作人員身上，都有著一種早期所經歷的創傷情境。我叫做**失去童年的處境**。有兩條途徑似乎會如此發展：

第一個也是最常見的故事是，孩子從小就必須支持與維繫一位憂鬱或者有其他情感困擾的父母，我在這裡說的是一些極端的經驗，其中發生了角色的倒置，也就是說父母變得依賴孩子而不是應該的那樣子。兒子或女兒的自我認同於是固化為必須提供父母般的照顧，這樣才能夠維繫家庭的正向連結。通常這樣父母的人生背景中有著情緒的空間，然後孩子就會像要去執行任務一般地填滿它。孩子妥協了自己的自主性與本真性，成為小小的「治療師」，有如小小奴役般地滿足爸爸和／或媽媽的索求。在這種情況下，脫離或者追尋獨立生活的衝動對父母來說成為了難以忍受的傷痛，會不斷製造龐大的痛苦反應，有時候是憤怒。當

孩子試著使用一些方法讓自己擁有主體與主權時，父母的反應可能是：「你為什麼要殺我？」這樣的途徑與愛麗絲・米勒（Alice Miller）在一九八二年於她非常精彩的著作《資賦兒童的戲劇》（*The Drama of the Gifted Child*）中所提到的非常相似。她在這裡所提到的「資賦」，是某些孩子天生的敏感度與同理心，使得受傷的父母把他們綁到這個角色上。米勒這本書原來的書名是《童年的囚禁者》（*Prisoners of Childhood*），非常恰巧地描述了如此養育的囚禁效應，其中包括孩子的人格中重要的部分會解離，因為孩子不被允許成為他或她本來想成為的人。對於在這樣的世界長大的個人來說，最自然的事，就是長大後去追求諮商或心理治療的生涯。他們對這項工作的訓練從早年很小的時候就已經開始進行了，因此產生了我所說的**第一類型臨床工作者**，這在精神分析的領域之中尤其常見。 53

在第二種情境中，導致如此的生涯並非基於幫助有困難的父母，而是因為來自創傷性的失落經驗。在這裡一樣，囚禁的狀況發生了，由此所失落的童年損害了個人獨特人格的全面發展。

故事是這樣的。在早期生活中孩子會與父母之一或父母雙方建立奠基性的親子之愛的關係，形成了一種支持孩子發展身份並讓孩子覺得家庭安全的穩定連結。然後無法挽回的變化發生了，原先穩固的安全連結消逝了，於是孩子經歷失落。父母之一可能生病或逝世，或因未知原因消失了，被孩子接收為父母對孩子的失望或者背叛，也或者在其中經歷了一次至今尚未復原的情緒崩潰。「現在」所知道的失落的早期世界，在記憶中變得理想化，與取而代之的荒涼形成尖銳與痛苦的反差。對於這位驟然改變或是消失的父母的渴求也就愈發強大而難以承受。在此時，失去母

親或父親將透過認同歷程來代償，於其中孩子成了失去的那一
個。因此，孩子的個人認同轉化了，那被渴望已久的，有著愛與
拯救特質的父母形象重新出現在孩子的自我感中。透過把自己變
成缺席的摯愛者的魔法行動，失落的創傷消除，而碎裂與混亂的
世界也重新導正。透過這種方式，一個慈愛的父母態度植入了孩
子的人格之中，並且他或她隨後在生活各個面向的關係也被「給
出照顧」的主題所佔據。任何對理想角色認同的崩潰都會讓原初
失落的痛苦與混亂在生命中再現。

　　而這也導致了最可怕的囚禁，因為在這裡，孩子自己的發展
軌跡已經被自己要去替代父母這件事所中斷與凍結。這個孩子曾
經想要成為的樣子或希望變成的模樣，以及原先能夠發展成一個
獨特的人的可能性，隨著身份的鞏固而離開了原先可以發展的主
軸。人們可以理解如此之人陷入心理治療師的生涯有多容易。而
這是第二類型的臨床工作者。

　　當然也會有混合的案例，其中心理治療師的早期發展歷史
包含兩種類型的經驗，由混亂的父母之一所導致的創傷性情緒
剝奪以及創傷性失落。我自己是第二類型的，當我還是小男孩
時，我失去了我的母親。偉大的理論學家唐諾・溫尼考特（D.
W. Winnicott），如果我正確地理解他的話，應是第一類型的臨
床工作者，他被有著嚴重憂鬱症的母親深深影響著。顯然，一定
有著其他的途徑讓人選擇一個願意為情緒紊亂的人服務的人生，
但是幾乎我認識的所有臨床工作者都在我所說的第一或第二類型
之中。我的朋友與同事，羅伯・史托羅洛在聽到這些想法後，認
為他自己應該是「輕微的第一類型案例」。最初，我同意這個想
法，雖然我對所謂的「輕微」不太苟同。但經過進一步反思，我

開始認為他是一個混和的案例，他早期照顧受傷父母的模式與情緒遺棄及失落的問題交織在一起，在他成年後被具有破壞性的悲劇放大。

我腦中浮現出偉大的哲學家佛列德列希‧尼采（Friedrich Nietzsche）可作為我所說之人生主題的第二類型範本。他在四歲的年紀時失去了他摯愛的父親，且對這死亡的反應是成為他父親二世；這是解除失落的崩塌：認同並因此取代失去的父母。然而，在這個歷程中，他身為的孩子角色也從他應該活躍的人生中消失，他獨立的希望與夢想永遠沒有機會實現或被追求。尼采在年輕時就進入了早熟的父性成熟狀態，成為了文明自身的心理治療師，以一種父親（查拉圖斯特拉）形象面對走向未知之未來的所有人性。他驚人的創造力從他個人悲劇產生的緊張中盤旋而上，也導致了他最終的瘋狂。

我所描述的兩條途徑之間的分裂並不是絕對的；有可能描述地太過尖銳。那些被吸引而成為撫慰與治療受傷父母的人們對破壞性分離和失落的經驗並不陌生；相對應的來說，那些失去父母並認同失去的母親或父親的孩子，部分程度上往往會去修復被悲劇所碎裂的家庭。或許人們可以思考我所說的第一類型與第二類型的臨床工作者，將其視為一枚硬幣的兩面，個別生命的不同之處僅存在於相對不同的顯著之處。

任何以幫助人們接受他們的創傷生活處境與歷史為生涯目標的人，需要盡其所能地面對他或她自己的問題。在精神分析的早期歷史之中，會要求分析師在接受訓練後與被正式授證前完成他們自己的個人分析。這由佛洛伊德與榮格所頒佈的作法在當時似乎是個好主意。然而，那些在我們領域中有如父親者，卻不需要

被如此要求，我認為這應該會讓分析師們極端的不安！而這就是問題所在。分析師未經處裡的創傷，就好像父母的創傷，無可避免地傳遞到了下一代。佛洛伊德與榮格以免除自身遵守這些訓諭的方式，註定了他們無意識生活的特定領域（那些有關沒有被照顧的傷口）將延續至他們的後代。這就是為什麼在我們的領域中對其開創者持續地保持興趣是如此重要。從他們的自我分析中找出不完整的區域，讓我們有機會可以從他們無能知曉的事物中解放出來。

臨床工作者必須意識到他們生活所發生的所有事情，並為他們所承受的失落感到悲傷，沒有其他的事能幫上忙。如我所提到的，創傷的情感整合是一輩子的工作，也因此最重要的事就是讓旅程可以開始。哀悼需要發生，為了失去的父母，或是為了從未在第一時間出現的父母，也或是為了從未有機會展開因而暢通無阻的童年。心理治療師的整合將會是他或她所有工作的主題，但儘管如此，仍需包含在所有具建設性的發展之中。心理治療並不是一個人對另外一個人所執行的程序性工作；是兩人的宇宙之間的對話，並且從中轉化了彼此。我們的領域還沒有追上這樣的想法，但是它被視為公理的時刻即將到來。

【第四章】信條──互為主體系統理論： 57
一個現象學脈絡論的觀點

羅伯・史托羅洛

　　我和我的工作同伴（Stolorow, Atwood, and Orange, 2002）的後笛卡兒主義精神分析取向被稱為互為主體系統理論，是一種現象學脈絡論。由於它探討並洞悉情緒經驗的世界，因此是現象學的；又由於它認為情緒經驗的組織成形，在人類發展及精神分析的處境裡，都是在構成性的互為主體脈絡中形成，因此是脈絡性的。

　　發展上，在發展系統內一再重覆的互為主體性交匯的模式產生了一些原則（主題模式、意義結構），這些原則無意識地組織了後續的情緒和關係體驗。這些組織原則（organizing principles）是無意識的，但並非由於它們是被壓抑的，而是由於它們是前反思的：它們通常不會進入反思的自我覺察領域。這些互為主體地產出，並且在反思前就出現的組織原則是人格組成的基礎，其整體構成了一個人的特質。它們以移情的形式在精神分析處境之中出現，而互為主體系統理論將其視為為無意識的組織活動。病人的移情體驗，是由他前反思的組織原則以及來自分析師而為其所組織的材料所共構。同樣也可以這麼理解一名分析師自己的移情體驗。病人與分析師的移情體驗彼此交互影響而形成一個心理空間，就是一個我們稱之為互為主體系統的例子。精神分析使用對話作為方法來把這樣的反思前組織活動帶到自我覺察的反思之中。

佛洛伊德的精神分析是將笛卡兒式心靈，即笛卡兒（1641）的「會思考的之物」（thinking thing），拓展而包含了龐大的無意識領域。但是，佛洛伊德式心靈還是一個笛卡兒式心靈，是一個自我封閉而無世界的主體或心理機制，收納著心智內容並在其58間運作，本體論地與周遭隔絕。相應於其笛卡兒主義的是傳統精神分析師的客觀知識論。在此分析師是一個隔離的心靈，宣稱會客觀地觀察與詮釋另外一個隔離的心靈，也就是病人。

現象學的脈絡論關注著情緒體驗以及其組織，而非實際化的心理實體，並且，跟隨海德格（Heidegger, 1927）的觀點，它統合了笛卡兒式的心靈與其所處的世界，也就是其脈絡。而互為主體系統理論相應地採用了觀點認識論，主張精神分析的理解必然是來自探問者組織世界之規則所形塑的觀點。也因此，客觀或中立的分析並不存在，沒有所謂完美無瑕的知覺（Nietzche, 1982），沒有對任何人與任何物的上帝觀點（God's-eye view, Putnam, 1990）。

我希望對讀者來說已經很清楚，我們對現象學的強調並不意味著拋下無意識的探索。若我們回到現象學之父艾德蒙·胡賽爾（Edmund Husserl, 1990, 1913），他說現象學的探問從來不會被限制為單就意識經驗的描述。現象學的核心永遠是在探索前反思地組織起意識經驗的結構。哲學現象學家關注那些普遍運作的結構，而精神分析現象學家想要找到可以說清楚無意識地組織起個人經驗世界的原則，尤其是可以賦予情緒及關係經驗意義的那些原則。其中包括了決定哪些情緒經驗因為被禁止或過於危險而不能完全展現，也就是決定哪些情緒經驗要被動力地潛抑（repressed）的原則。互為主體系統理論強調所有的這些無意識

的型態都是在關係脈絡中構成。的確，以互為主體系統取向的觀點，傳統精神分析所關注的臨床現象都被視為形成於相互作用、共同組織與相互影響著的情緒世界系統。現象學必然將我們引領到脈絡論。

從心智到世界：互為主體性

我們在一九七八年的文章中第一次使用了「互為主體」（intersubjective）一詞（Atwood, and Ross, 1978），而將互為主體性的概念帶到美國精神分析論述之中的則是要歸功於路易斯・阿隆（Lewis Aron, 1996）。我們將精神分析治療中移情與反移情間的交互作用概念化為互為主體的過程，反映了病人與分析師各自以不同方式組織起來之主體世界的互動；我們也評估了此一概念化在病人與分析師各自的經驗世界之間，未被辨認的相應與不相應（也就是互為主體的連結與不連結）所形成之治療過程的影響。最終，我們得以將互為主體的觀點延伸到更廣泛的臨床現象，包括發展和致病機制、移情和阻抗、情緒衝突成形、夢境、扮演（enactment）、精神官能狀和精神病狀態（Stolorow, Brandchaft, and Atwood, 1987）等。在每一個考察中，傳統上作為精神分析焦點的現象都不是被理解為孤立之內在心靈機制的產物，而是在經驗世界的互動介面上形成。我們認為，互為主體的脈絡構成了心理病理學的各種型態，我們不能以精神分析的方式將臨床現象從其成形之互為主體的場域中分離開來。

59

從驅力到情感：情緒創傷

互為主體系統理論的核心信條讓精神分析思考從驅力作為根本動機轉向情感作為根本動機，從而使精神分析朝向現象學脈絡論並聚焦在互為主體系統的動態運作。不同於被認為起源於笛卡兒式孤立心靈深處的驅力，情感，即主體的情緒體驗，從出生開始就在不斷運作的關係系統中共構而生。情緒體驗不能從其被感知到之協調與不協調的主體間脈絡中分離出來。所以，將情感定位於動機核心，就會自動地啟動一種人類心理生活的徹底脈絡論。這樣的說法最能體現在對情緒創傷的理解。

從互為主體系統的取向來看，人類發展歷程中所遭逢的創傷經驗並不像佛洛伊德所說（1926），是本能氾濫於沒有組裝好的笛卡兒式容器之中，而是對無法承受之情感的經驗。此外，難以承受的情感狀態無法僅以（或是主要以）被傷害性事件所引發的痛苦感覺的量或強度來解釋。情緒創傷的狀態只能藉由它所在的關係系統來掌握（Stolorow and Atwood, 1992, Chapter 4）。發展歷程的創傷源於一個形塑性的互為主體脈絡中對痛苦情感的無法同頻共感（malattunement）狀態，也就是兒童與主要照顧者彼此交互情感系統的崩潰，導致孩子情感整合能力的喪失，也因此進入了一個無法承受、受到吞沒以及失序的狀態。當孩子完全無法獲得協助他／她承受與整合的同頻共感，痛苦或恐懼的情感就成為創傷性的。

創傷的構成在於，兒童嚴重的情緒痛苦無法在其成長的互為主體脈絡找到關係上的家（relational home）來護持，這也就說明傷害性的童年經驗不一定會形成創傷（或至少不是持久性的）或

致病，只要這些痛苦是發生在一個有反應的環境裡。**痛苦不是病理學**。正是因為對孩子的情緒反應缺乏足夠的同頻共感而讓他們難以承受，因此成為創傷狀態與心理病理學的根源。這樣的概念化既適用於斷裂的、戲劇化的創傷事件，也適用於在整個童年時期重複發生而更細微的「累積創傷」（Khan, 1963）。

　　從關係的角度來看，發展歷程的創傷所導致的後果之一，是 60 這樣的情感狀態具有持久且毀滅的意義。從反覆的無法同頻共感的經驗之中，兒童獲得了一種無意識的信念：未被正視的發展渴望以及反應性的痛苦感受狀態顯現了其令人討厭的缺陷，或是一種與生俱來的內在之惡。於是，一個防禦性的理想自我通常就這樣被建立起來了；自我形像被淨化，被消除了遭認為不受歡迎或對照顧者造成損害的冒犯情緒狀態。為了與他人保持和諧的聯繫和維護自尊，此一情感淨化狀態的保持成為核心需求。爾後若是禁忌情感浮現，便代表他／她無法身體力行此一必要之理想狀態的失敗，暴露了隱藏的基本缺陷與惡意，並且會伴隨著孤絕、羞恥與自我厭惡的感覺。在精神分析的情境中，分析師的品質與活動受到這些無意識的情感意義的詮釋後，就會證實病人的移情期待，即他／她所浮現的情感狀態會遭到厭惡、輕蔑、不感興趣、驚慌、敵意、退縮、剝削等等，或者會傷害分析師並且摧毀治療的連結。分析師無意之間所符應的，這樣的移情期待是阻抗情感經驗與表達的強大來源。從這個角度來看，頑固而重複的移情與阻抗可以被思考為病人—分析師系統中僵化固著的「吸引者狀態」（attractor states）（Thelen and Smith, 1994），其中分析師位置的意義緊密地扣合著病人的嚴苛期待與恐懼，也因此讓病人重複地暴露在再度受創的威脅之下。對情感與其意義的聚焦讓移情

與阻抗獲得了脈絡。

　　發展歷程創傷的第二個後果是嚴重地的限縮與窄化情緒體驗的視野（Stolorow, Atwood, and Orange, 2002, Chapter 3），以排除任何在特定互為主體經驗脈絡中被感覺為無法接受、無法容忍或者太過危險的事情。當孩子的情緒經驗始終沒有被回應或總是被主動拒絕時，孩子會認為他／她有某些部分的情感生活是照顧者無法忍受的。孩子情緒世界中的這些區塊就必須被犧牲掉，才能夠安全地保護所需要的情感連結。潛抑（repression）在這裡被認為是一種負向的組織原則，總是在不斷進行的互為主體經驗脈絡之中，決定著哪些情感經驗的設置不被允許進入到完整的存有狀態。例如，當要表達情感體驗的訴說行動威脅了一個不能失去的聯繫時，潛抑就表現在經驗被阻止繼續發展成為訴說的語言。在這種情況下，潛抑會讓情感持續在無名狀態。

　　因此，聚焦於情感也就脈絡化了意識與無意識的疆界。情緒經驗的限制性界域（the limiting horizons of emotional experiencing）在這裡被概念化為持續運作之互為主體系統的附帶特性，這就與被視為孤立之笛卡兒式容器中的內在心靈結構的佛洛伊德式潛抑阻障（repressive barrier）不同。經驗的界域在生活系統的網絡中成形與演變，其被理解為流動與不斷變動的，產自其個人獨特的互為主體歷史，也產自他或她當下生活之互為主體場域中被允許或不被允許的感受狀態。

　　就像情感體驗的狹窄和局限性界域，擴展的界域也只能從其所源自的互為主體脈絡來瞭解。以此來概念化精神分析的詮釋性治療行動，有著重要意義。

　　我一直認為，好的（即可以促成變化的）詮釋是一個關係歷

61

程，其核心組成部分之一是病人可以感受到自己的情感被理解。進一步來說，正是這樣被理解的經驗所形成的特定移情意義提供了病人改變的力量，因為病人將這些體驗編織到由精神分析互動所喚醒的種種發展性渴望之中。詮釋並不獨立於病人和分析師之間的情緒關係之外；它是這關係無法分離且至關重要的向度。在互為主體系統理論的語言中，病人對固有且重複之組織原則的反思覺察能力的詮釋性拓展，同步於其與分析師持續關係經驗中的情感影響與意義，兩者都是一個統整性治療過程無法分離的組成部分。這個過程建立了把經驗組織起來之替代原則的可能性，進而擴大了病人的情緒視野，讓其變得豐富、更加靈活和複雜。隨著固有組織原則的束縛逐漸鬆動、隨著情緒經驗得以拓展且在人類理解脈絡裡變得越來越可名狀，以及隨著一個人可以把他／她自己所感受到的無縫地融入到自己原本所是的組成中時，人們的存在感就得到了提升。對我來說，這就是治療改變的本質。

回到情緒創傷的主題，我發現現象學脈絡論觀點的價值不僅在於說明創傷鑲嵌於情境脈絡之中，並且在於其存在意義。對我而言，解開情的創傷的存在意義的關鍵，是我所說的「日常生活中的絕對主義」（absolutisms of everyday life）：

> 當一個人對朋友說：「待會見」，或是臨睡前父母對孩子說：「明天早上見」，這些陳述是不需討論就有著意義的有效性。如此的絕對主義是一種素樸實在論和樂觀主義的基礎，讓人可以感受到世界的穩定與其可測性，並在其中進行日常功能。然而情緒創傷的本質卻是打破了這些絕對主義，而素樸純真的災難性失去就此

永久性地改變了個人在世存有的感知。日常生活中絕對
主義的大量崩解曝露出存在之無所逃的偶然性；於一
隨機和不可預測的宇宙中，生存的安全或連續性無可保
證。也因此，創傷揭露了「存在所難以承受的嵌入性」
（the unbearable embeddedness of Being）。因此，創傷
之人不由自主地會感知到日常生活的絕對化界域之外的
存在面向。創傷之人的世界與其他人的世界之間根本無
法比擬，疏離和孤獨的痛苦感覺就在如此的鴻溝中形
成。（Stolorow, 2007, p. 16）

情緒的創傷打破了日常生活中令人安心的絕對主義，將我
們陷入一種海德格所說的「本真的（屬己的）朝死而生（Being-
toward-death）」，其中死亡和失落被理解為構成我們存在的獨
特可能性，也構成我們可以從未來性與有限性來通達自己的可能
性，一種既確定但又不確定「何時」（when）的可能性，使得
這種可能性成為始終存在的威脅。當庇護的幻覺被揭穿，日常世
界失去了其意義性；受創的人感到焦慮和不安，無法再安居於日
常世界之中。

我曾經主張「創傷復原」是一個自相矛盾的說法：人類的有
限性及這樣有限性的創傷性力量，並不是人可以或者應該要從中
復原的疾病（Stolorow, 2011, Chaper 5）。要說明在被創傷擊碎的
情緒世界一旁建構出一個擴展的情緒世界，「復原」其實是一個
錯誤的用語。擴展的情感世界與破碎的情感世界或多或少地可以
並存或分離，其取決於引發難以承受之情緒痛苦的創傷碎裂是否
整合或持續於防衛性的四散狀態：這卻是進一步取決於多大程度

上如此痛苦地找到一個關係上的家，也就是一種可以承接痛苦的理解脈絡。

如何找到這樣被人理解的脈絡呢？這個問題的答案可以在有限性的經驗本身中的關係層面中找到。正如有限性形成了我們存在的基礎，我們也因著共同的有限性而在同樣的黑暗中相遇並且彼此深刻連結，成為彼此的手足（Stolorow, 2007, 2011）。因此，儘管情緒創傷的可能性一直存在，但可以形成深刻情緒理解而聯繫彼此的可能性也同樣存在；在這些聯繫中破壞性情感所造成的痛苦可以被承接，變得較可忍受，最終能夠融入個人經驗的整體。我們存在性的「同處黑暗的家人關係」（kinship-in-the-same-darkness）是這樣的一個條件，讓情緒創傷的深刻脈絡性以及人類理解所引發的變化力量（mutative power）都成為可能。

上一段的描述的意思是，朝向他人情緒創傷的適當治療行動可以被描述為一種情緒上的「**棲居**」（dwelling）。我們絕對不要提供虛假的安慰，像是時間能治癒一切，或者放手向前等等的空話，來避開了另一個人的創傷經歷。我們會提供那樣的空話與安慰是因為面對另一個人的創傷時，我們會因為自己的有限性和存在的脆弱性而迴避他／她。如果我們作為創傷者的理解與關心的關係之家（relational home），我們必須忍受自身存在的脆弱性，這樣我們才能毫不畏縮地與他／她共同承擔那難以承受又不斷重現的情感痛苦。當我們與他人無法承擔的痛苦共同棲居，他們破碎的情緒世界就能發出一種神聖的光芒，召喚出理解與關懷連結，從而將創傷狀態慢慢地轉化為可以承受的痛苦感受。當情緒痛苦和存在的脆弱性找到一個被友善款待的「關係之家」時，就能夠無縫且構成性地整合進入一個人在其自身所經驗到的存

63

在。

對話

羅伯：比較第三章和第四章（有關「信條」的文章），似乎你對
我們現象學脈絡論的貢獻，主要源自於研究和治療極端
（精神病）狀態的臨床背景；而我自己的貢獻則強烈受到
我過去所經歷的創傷性失落與海德格存在主義哲學之間相
逢的影響。在我的這一章，你早期工作中發現的許多東西
被形式化地整理下來了。

在《以互為主體的方式工作》（*Working Intersubjectively*）
之中（Orange, Atwood, and Stolorow, 1997），你書寫的
一個章〈非存有的情境：個人虛無經驗的多樣性〉
（Contexts of nonbeing: Varieties of the experience of
personal annihilation）就是一個典型的例子。在那裡，你
提供了一份科學成份高的圖表，列出了失去自我的經驗之
所以會發生的不同向度。這個圖表具體化了已故的達芙
妮・史托羅洛（Daphne Stolorow）所構想的新概念架構，
但她太早離開我們，也停止了此思考的進一步發展。既然
你／我們已多次強調，自我經驗的任何重大改變都與其所
相應的世界整體經驗有所關聯。你能否在不同向度的自我
經驗上繼續發展這個想法呢？

喬治：我認為一個人的自我經驗是主體世界的組織核心。也因此
任何自我經驗的巨大改變都會對個體所存在的整個世界產
生巨大的影響。不然的話會怎麼樣呢？在《以互為主體的

方式工作》一書中，我將自我經驗分解為幾個向度：內在凝聚力、時間連續性、情感性、作為者性、主體性、區辨性、心身合一性等，並將各種形態的個人虛無化描繪為涉及這些一個或多個向度的自我喪失經驗。我想，可以從一個又一個的向度逐一探討虛無化經驗，並探問其所相應世界經驗是如何轉變。例如，考量在時間連續性向度上所經驗到極端的自我喪失，這是一種主體的災難，在這種情況下，時時刻刻、日以繼夜的時間流動中，所有成為「同一個人」的存在感，即一個人的「自我性」（ipseity）（Jaspers, 1913），都被抹煞與消除了。顯然，這種災難性的失落將不可避免地破壞個人普遍經驗的時間結構。再舉一個例子，談談自我與他人區別的向度，個體通常以此保持經驗邊界來界定和劃分「我」與「非我」。當這個邊界消失時——這通常伴隨著恐怖感，感覺自己被周圍環境融化或吞噬——實在的持續性和分離性的感覺都被了破壞。我可以提供的第三個例子涉及情感性的向度。在這裡，自我喪失意味著所有情緒活力的消逝，取而代之的是在個人存在核心所升起的無限內在死寂。你可能還記得在第二章所提過的葛瑞絲和她的生活，她在放棄成為修女和傳教士的夢想後經歷了這種死寂感。死寂是無止盡也無法承受的，她試著以酗酒控制它。葛瑞絲可以跟我談一點點她所經驗到的世界。她說，似乎沒有什麼是完全真實的，其他人看起來很遙遠，或者像機器人一樣如機械化地無意義運轉。那時她正在經歷著整個世界的去現實化與去人性化，因此，個人主體自我感虛無化的任何形式及其變化，都會

64

與他或她的整個世界瓦解同時發生。

羅伯：一個「同時發生」的好例子可以在經歷創傷性失落的經驗
中找到。這樣的創傷會解組一個人的認同感或自我連續
性。但創傷或悲劇性的失落也在一個人的世界地貌中創造
了一個黑暗領土，這個區域將會永存。每當我們踏進這樣
的失落領域，一股深刻的憂傷就會降臨在我們身上。在那
裡，我們被留在一個真空、失去光亮的世界中漂流。那是
一個荒蕪之地，永遠無法完全將其清除或隔離。因此，
「放下它，繼續前進」的建議是荒謬的。總會有個「抵達
創傷的港口鑰」（portkey to trauma）[1] 會把我們送回到黑
暗之中；在這個黑暗領域裡，我們需要被情緒性地承接，
這樣，我們的失落才能夠更好地被忍受，也更好地被整
合。

喬治：羅伯，你的想法突顯了自我與世界經驗的完全相互依賴
性。極端的創傷也是如此，可以將我們存有的基本特質帶
到明晰的境地。我可以將以下內容加入你的描述。人類所
遭逢的每一次情緒上重大失落不僅威脅了知覺的連續性，
也威脅了靈魂的完整性。在有著所愛之人的世界中的一個
人，當其摯愛從世界離去消逝，那將不是同一個世界，而
他也不再是原來的那個人。哀悼之慟是我們從一個世界
到另一個世界之旅程經驗中的效果。有時候這個過渡太
難，於是過去的「我」（I），和現在以及未來的「我」
（I）之間繃開了裂縫。前者被鎖在與消逝之人的神秘擁

1　原註：我用「抵達創傷的港口鑰」（portkey to trauma）的說法來捕捉情緒創傷對我們在時
間經驗上的深遠影響。

抱之中，而後者則繼續前行。這就是偉大的哲學家索倫·
齊克果（Søren Kierkegaard）所描述，在經歷了一連串失
去所愛家人的毀滅性失落後，他所遭逢的「巨大地震」
（Atwood, Stolorow and Orange, 2011）。

羅伯：我看到了以現象學研究極度嚴重情緒困擾的廣泛可能性，
重點在關注不同的自我－世界關係及其構成性的關係脈
絡。

喬治：是的，雖然我們前輩的作品中有了很棒的開始，例如榮 65
格、費登、溫尼考特、席爾斯、蘇利文、德斯·勞瑞爾、
連恩[2]等人，但我們還對這個陌生而困難領域的探索才剛
開始。

羅伯：從大多數的情況來看，阻擋我們前輩的是因為他們各自與
笛卡兒的理論概念糾纏不清。只有連恩試著像你和我一樣
徹底地從現象學方法進行理解。

喬治：我認為，連恩早期的著作《分裂的自我》（*The Divided Self*,
1959）是一部才華洋溢之作，而且每個臨床工作者都應該
閱讀。不過，我認為他許多的後期作品則是顯示出驚人的
實在性，顛覆了他最初的現象學想法。連恩屈服於實際化
的衝動，困擾著這個領域中的所有人，包括你和我。這在
連恩《生命的真相》（*The Facts of Life*, 1976）一書中最能
清楚地看到，其中他追溯了一個人生活中的模式，並回溯
到受精卵在尋求植入子宮壁時的不幸經歷。這樣的實在並
不屬於現象學脈絡論！

2　編註：此處人名的原文依序為：Jung, Federn, Winnicott, Searles, Sullivan, Des Lauriers, Laing。

羅伯：正如我們在第一章中所提到的，路德維希・賓史萬格
（Ludwig Binswanger）與梅達德・博斯（Medard Boss）是
兩位早期的先行者，因為他們看到海德格的存在主義現象
學對心理治療和精神分析的價值。他們都是「由上而下」
開始工作：也就是說，他們從海德格哲學性刻劃的基本存
在結構（在世存有〔being-in-the-world〕、關懷、本真—
妄真、人們〔Das Man〕、拋擲、存在焦慮、存在罪惡
感、能有〔potentiality-for-Being〕等）開始，並將這些概
念應用在臨床現象和治療情境中。儘管賓史萬格（1946）
的存在分析給出了關於各種精神病理學背後「世界設計」
（World-design）的現象學描述，而博斯（1963）的此在
分析（Dasein analysis）從佛洛伊德後設心理學的去人化因
果—機械性假設中解放了精神分析的治療理論，但是兩人
的努力都沒有讓精神分析的實作或其過程本身獲得徹底的
革新。

　　相比之下，我們的後笛卡兒式精神分析觀點
（Stolorow, Atwood and Orange, 2002）演變是「從下而
上」進行的。它始於我們對種種精神分析理論之主體起源
的研究，而成長的養分則是來自我們將精神分析重新思考
為現象學探問形式的努力，以及所呈現出來的精神分析歷
程現象學。我們對現象學探問的投入反過來又使我們產生
了脈絡論的理論觀點，接著我們發現可以從海德格的存在
分析中找到關於我們所揭示之現象的哲學支持。

喬治：你怎麼看待總體上我們的觀點與精神分析中其他關係取向
的差異？

羅伯：顯然，我們的互為主體系統取向，一如其名，自始就是一 66
　　　種關係取向（Atwood and Stolorow, 1984）。然而，在反覆
　　　的思考當中，我意識到我們所發展的關係取向，與其他大
　　　多數的取向相比，還是有一些區別。通常，當代關係取向
　　　的觀點起源於先前的精神分析理論：例如來自蘇利文、克
　　　萊恩、費登等，而這些理論所包含的概念是笛卡兒孤立心
　　　智思考的例證。一些像是「情緒失調的扭曲」（parataxic
　　　distortion）、「投射性認同」（projective identification）與
　　　「內在心靈結構」（endopsychic structure）等等的概念，或
　　　多或少都被不加批判地引入當代所對應的關係觀點中。相
　　　對地，我們的觀點演化於方法論的考量：我們承諾要將精
　　　神分析重新思考為現象學的探問形式。這樣對闡明個人現
　　　象學的奮力投入讓我們從心智到世界，也就是從心理內容
　　　到關係脈絡、從內在心靈到互為主體。以我們的現象學取
　　　向看來，傳統精神分析所關注的所有臨床現象，都是在相
　　　互作用著的系統中，也就是在以不同方式組織的、相互影
　　　響的主體世界之中。

喬治：你經常聲稱現象學不可避免地將我們帶到了脈絡論，但你
　　　卻從來沒有真正地解釋這種「不可避免」的特質。

羅伯：我逐漸意識到的核心原因是，精神分析現象學與其他
　　　現象學探問的形式不同，它一定致力於探究情感性
　　　（affectivity），也就是情緒經驗的世界。在我們還在充實
　　　精神分析現象學的時候，我和達芙妮‧蘇卡利德斯‧史托
　　　羅洛（Socarides and Stolorow, 1984/1985）一起書寫了一篇
　　　文章，其中我們認為寇哈特的最主要的臨床貢獻在其本質

性地涉及情感經驗。此外，在這篇文章中，情感經驗被認為無法分離於其被感受到之同頻共感或不同頻共感的脈絡。這個理解無縫地被編織到了精神分析現象學之中。從驅力優先到情感優先的焦點轉變，使精神分析走向了現象學的脈絡論，其主要關注於動態的互為主體系統。不同於被視為起源於笛卡兒式孤立心智深處的驅力（drive），情感（主體的情緒經驗）從出生起就在持續的關係系統內與他人共同構建。因此，將情感置於中心自動意味著一種從根源上將所有人類心理生活與精神分析過程脈絡化。

例如，對情感的聚焦就把意識和無意識之間的疆界進行了脈絡化的理解。情緒經驗的限制性界域在這裡被概念化為持續運作之互為主體系統的附帶特性，這就與被視為孤立之笛卡兒式容器中的內在心靈結構的佛洛伊德式潛抑障礙（repressive barrier）不同。在生活系統的網絡中成形與演變的經驗界域，被理解為流動與不斷變動的，產自其個人獨特的互為主體歷史，也產自他或她當下生活之互為主體場域中被允許或不被允許的感受狀態。

一個一致的現象學取向在捕捉鑲嵌於脈絡中的情緒創傷特別有豐富的成果。發展歷程的創傷源於一個無法對痛苦情感同頻共感的形塑性互為主體脈絡，也就是兒童與主要照顧者彼此交互情感系統的崩潰，導致了孩子情感整合能力的喪失，也因此進入了一個無法承受、受到吞沒以及失序的狀態。當孩子完全無法獲得情緒理解的脈絡（也就是孩子們用以協助忍受與整合經驗的「關係上的家」），痛苦或恐懼的情感就會變成創傷。正如我們在後面的章節

67

中所將發展的，這樣的發展性創傷的脈絡就是致病原因成
形之處。我們已經告訴大家，在所有形式的致病原因與所
有層面的精神分析過程中，互為主體的脈絡扮演著構成性
的角色。情緒現象學和關係性（relationality）形成了不可
分割的整體，因為關係性是情緒經驗的構成環節。

喬治：可以這樣問：難道創傷的現象學—脈絡化說明不需要奠基
於更基本的東西，有著一種堅實基石般的形式，像是一個
形上學的實體？在科技主義的時代，形上學的衝動通常一
定把我們帶向神經科學，以尋找這樣的奠基性實體。

羅伯：我知道你已經知道我的回答，喬治，這包含在我們對「自
我」（the self）的批判當中。形上學的實體，如神經學
的、精神病的和其他等等，掩蓋了具有毀滅性的脈絡，並
以封閉的、實質的與持續的實在圖像替換掉人類生命中悲
慘的有限性和短暫性。相比之下，一個完全基於現象學脈
絡化的情緒創傷觀點，擁抱了人類存在之無法承受的脆弱
性和脈絡依存性。這樣的擁抱基於有限性的倫理以及情緒
棲居的行動可能性。這完完全全是現象學脈絡論！

喬治：現在讓我們提出一個更大的問題，是有關於我們多年來合
作的本質，以及什麼使我們的智性關係對彼此都如此具有
生產性。你會怎麼說我們成功的祕密呢？你曾經說我們兩
人的經驗相當接近，讓我們幾乎像同一個人。我的妻子伊
麗莎白·艾特伍（Elizabeth Atwood）聽到這個瘋狂的說
法後，曾說：「嗯，的確如果你把鮑勃·史托羅洛（Bob
Stolorow，Bob 為作者 Robert 的暱稱）和喬治·艾特伍放
在一起，你會幾乎看到完整的一個人！」然而，如果我們

是同一個人，我們的思想會完全相同，但顯然不是如此。

68　羅伯：喬治，我們生產力的關鍵，在於我們各自相似與不同的觀點的結合和互動，而這已經持續了近五十年，共同撰寫了九本書（以及無數的文章）。在我們《主體性的結構》（*Structures of Subjectivity*）第二版（Atwood andStolorow, 2014）中，我們將這一過程刻畫為一種辯證形式。

喬治：是的，從一開始當我們之一人有了新的想法或觀點，另外一個人就會滿懷熱忱地接下，但提出對比的思考或觀點，然後在討論中將這兩個貢獻融合，讓其具有更完整的結構。我們是不一樣，但從來不會意見不合。明顯不同的論點總是透過求同存異的方法整合。這與我們與同事所在的這個學術圈所經常遇到的情況截然不同，在那裡，分歧往往是絕對的對錯，並且沒有可共同探索的基礎。我們尤其會與那些仍然堅持笛卡兒主義世界觀，而且沒有認識到其哲學假設的人產生如此的摩擦。

羅伯：我可以補充，我們智性上的友誼與我們的個人友誼交相輝映，即使我們都各自經歷過可怕的危機和損失，我們總是相互支持，從未被不可調和的衝突破壞。

喬治：我曾經問一位很熟悉我倆的朋友，問她認為我們之間的區別是什麼。她立刻回答：「羅伯・史托羅洛是一個邏輯機器，喬治・艾特伍愛聽美人魚的歌聲。」我另外一位在羅格斯大學研究了我們所有著作的朋友也說了同樣的話，還把我們比作電視影集《X 檔案》中的主要角色。他說艾特伍是穆德，史托羅洛是史卡莉。我知道，你有時候也聽得到美人魚的歌聲（事實上，你可能是個不可救藥的浪漫主

義者！），你也知道我有時候會用邏輯分析來迷惑人。這是我們最突出的特點之一，但它可能反映在我們正在進行對話的文章之中。你的信條非常抽象，闡述了一個優雅的哲學和理論假設結構，並發展了它們的臨床應用。我的信條則漫遊於各個領域，講述了從瘋狂的領域中提煉出來的故事，想像光明的未來，並挑戰臨床工作者去深入探索自己的靈魂。

羅伯：我們倆的生活有著許多相同之處，喬治。我們倆都在十幾歲時對精神分析萌生了興趣，都想成為精神科醫生；我們都在預醫和醫學課程時遇到障礙，然後都回到臨床心理學博士學位作為替代性的選擇，而且我們倆在學生時代都被現象學哲學和存在主義精神分析所吸引。但我們絕對不是彼此的複製品。

喬治：我們之間另外一個很大的差異，我在我〈信條〉那一章（第三章）簡單地提到過。在其中一節裡，我描述了從經歷童年時期的創傷與剝奪到成為心理治療師的兩條途徑。其中之一是孩子成了照顧者，填補憂鬱或有著其他心理困擾的父母生命中的情緒匱乏。在另一條路徑，孩子失去了一位摯愛的父母，並透過模仿那位父母來修復破碎的聯繫。那些在生活中顯現第一種途徑的心理治療師被我稱為「第一類型臨床工作者」，而那些遵循第二條路徑的心理治療師則是「第二類型臨床工作者」。我明確地把自己歸為第二類，有著八歲時失去母親的核心失落。

羅伯：當你第一次告訴我這些想法時，我把自己視為「輕微的第一類」，在我年輕的歲月裡，我花了很多時間試圖讓我的

母親振作起來、支持她，因為她時常會陷入嚴重的憂鬱症狀中。但情況很複雜，因為她在情緒上時而死氣沉沉，時而有愛的回應，而我也相對應地必須在感受到安全和連接的一面以及感到孤獨和被遺棄的另一面之間轉換。

喬治：因為我認同了我逝去的母親，我成為一位具有母性的人，有著撫育的態度、成為了遺棄兒童的拯救者以及迷失和瘋狂者的避難所。這個主題在我的生命中被推向極端的負面影響是，有時走得太遠而不自覺的自我犧牲。

羅伯：我對精神分析或探查的熱愛，在某種程度上來自我對母親情緒活力終生尋找，她的情緒活力隱藏在無法觸及的憂鬱之牆的另外一端。對我來說，揭示意義是一種方法來讓光明照進黑暗。

喬治：可以說，在成為精神分析治療師的過程中，我們每個人都找到了方法，復原了生命，也克服了遺棄與死亡。

【第五章】情緒困擾、創傷與本真性： 71
現象學脈絡論的觀點

羅伯·史托羅洛

現象學的病理學

　　從卡爾·雅思培（Kavl Jaspers, 1913）開始，現象學心理病理學傳統上一直探索著特定的精神障礙或罹患精神疾病的個體的經驗世界。在最近出版的一本相關主題論文集（Stanghellini and Aragona, 2016）的副標題就顯著聚焦於「精神障礙的受苦是什麼樣的經驗？」，在其開始介紹和最後結尾之間的十八章之中，就有十二章的標題和精神疾病診斷相關。不過這類研究中，相關診斷的有效性並未被質疑。

　　而在現象學心理病理學的傳統裡，馬修·拉特克利夫（Matthew Ratcliffe）於二〇一五年出版的著作提供了相當好的範例，我也將在本章反覆提及。他的想法核心是將經驗世界視為可能性的空間（a space of possibilities），並且區分了連結著特定意向對象（intentional object）的意向性感受（intentional feeling），以及指向經驗世界中可能之意向性狀態（intentional states）的前意向性感受（pre-intentional feeling）。後者被拉特克利夫稱之為存在性感受（existential feelings）（也見 Ratcliffe，2008），它揭露了經驗的存在性結構，也就是一個人前意向地發現自己在世存有的管道。拉特克利夫的書非常具有價值，他研究了存在性感受

的變化：經驗中所蘊含的種種移轉與干擾的可能性。他特別關注在各種可能性的喪失或減弱。拉特克利夫分析中特別顯著的一種失去是「存在性希望」（existential hope）的失落：失去了讓有意義之可能變化發生而獲得更好生活之未來。這種前意向性的存在無望感（existential hopelessness），使得種種特定的意向性希 72 望失去基礎。當世界的重要性已經空空如也，特定的希望與抱負也就無法通達。在拉特克利夫的分析中，存在無望感是一種樣態豐富的多重向度整體感。它可能包括著永恆的囚禁感和無法撤除的罪惡感。自由意志和個人自主性的感覺通常會被抹除或失去，然後伴隨著一種變樣的「我能」體感。也許最重要的是，存在性無望感促發了一種生活時間經驗的深刻變化，也就是時間性的改變。其中，時間不再是線性的、不再向一個標誌著「可能性」的未來開放；而是被感受為循環著的、無盡重覆的封閉未來。最後，因為生活在與人相異的現實之中，產生了一種與人疏遠的深刻感覺。

　　拉特克力夫對存在無望感的整體性分析相當優雅且非常具有價值。但願他能就此打住，而不是將其與傳統的精神病學診斷聯繫在一起！然而他呈現給我們的現象學說明卻是以「憂鬱症的經驗」（experiences of depression）這個不恰當的標題作為書名。但是，他呈現給我們的這個「憂鬱症」是什麼？是「誰」的經驗現象學？他在多處承認這個診斷詞彙所指涉的事物具高度異質性，同時它的實證效度（empirical validity）是有問題的。相應地，他小心地警告我們「不要」將特定形式的經驗與特定診斷相互關聯。但由於拉特克力夫繼續稱憂鬱症為某種精神病的實體或疾病（illness）（他對思覺失調症也是如此觀點），也就是一

種能夠進行診斷的特定症狀，因此就算他指稱憂鬱症為一種「理念型」（ideal type）也不會有幫助。在批判精神醫學《精神疾病診斷和統計手冊》（DSM）（美國精神醫學協會，2013）的不適切性和有問題的效度後，拉特克力夫卻接著使用其中的兩個類別「重度憂鬱期」（major depressive episode）和「重度憂鬱症」（major depressive disorder）作為組織他研究的精神醫學框架。

　　近期的研究質疑了最新版本的 DSM 所創造的新診斷類別，這些診斷類別並沒有經過科學證實，並過度病理化了弱勢人群，例如年幼的孩子、老人和受創的喪親者（Frances, 2013）。更根本的是，DSM 直接繼承了笛卡兒（1641）的形上學二元論，將有限的世界分為兩個不同的基礎物質：思維物質（res cogitans）與延展物質（res extensa）；思維物質（心智）不具空間的延展性、延展物質（身體與其他物質物體）則不會思考。這種形上學的二元論具體地將思想與世界、主體與客體完全兩分。畢竟，有什麼會比由兩種完全不同的物質所組成的兩種存在領域更加分離呢？笛卡兒的觀點可視為將心智和世界徹底地去脈絡化（decontextualization）了。心智是個思考物（thinking thing），與它原本所棲居的世界隔離，而相應地就是把世界清空了所有人類意義。心智與世界兩者都被剝離了對應於彼此的脈絡性，因為它們被視為只具有單純的事物性（thinghood），以海德格（1927）的話來說，就只是單純的「手前性」（present-at-hand）。在心智與世界之間、主體與客體之間的本體鴻溝，只有在思考所形成的關係中兩者才會被橋接起來。在這種關係中，「無世界的主體」（worldless subject）以某種方式不偏不倚地再現或符應到超驗的（也就是獨立於心智之外），座落在一個「沒有形成世界的 73

世界」（unworlded world）之中的客體。

DSM 採用了可被稱之為「可知覺之本質的幻覺」（illusion of perceptible essences）之概念（請參閱第六章）。維根斯坦（Wittgenstein, 1953）解釋了這種幻覺的構成是如何來自於使用一個字詞來意指一系列彼此之間具有著「家族相似性」（family resemblance），也就是共有某些品質的項目。當這些項目被用一個字詞進行分組時，一個實際化的圖像就被創造出來使得每一項目都有的那個品質變成本質。DSM 就列出多個被認定為某種特定診斷實體（比如憂鬱症）的症狀，如果某些症狀被表現出來，我們就會說這個病人（或說這個病人的心智）被某個疾病所折磨。也就是說，當人們的受苦呈現出一種「家族相似性」，透過「被命名」的整體圖像，他們成為診斷之形上學本質的一個個實例，變成了一個個生了病的笛卡兒式心智。

海德格（1927）在他的存在分析試圖詮釋性地重新探索我們被笛卡兒二分法分裂的存在整體性。因此，他所謂的對傳統存有論的「破壞」（destruction）是一種清除其所進行的隱藏和掩飾，從而揭示一直被掩蓋的原初脈絡整體。當他將人類的存有稱為「此在」（Dasein）：指的是「在那裡」（to-be-there）或是「置身於其中」（to-be-situated），也就指向人類存在與其脈絡的整體，這也就是他的脈絡論在早期的形式上顯現。隨著海德格把他詮釋現象學的探問以及脈絡詮釋觀點聚焦於我們自身存有樣態的平均日常性理解，他更充實了最初的脈絡化思考。他的目標在「揭示此在的基本結構：在世存有（being-in-the-world）」（Heidegger, 1927, p. 65），這也被描述為此在的「基本狀態（構成）」或「構成狀態」（p. 78）。在引入在世存有的概念時，海

德格明確表示，他是通過詮釋學探問而得的，他的詮釋觀點是一種脈絡性或整體性的思考：「在對**此在的詮釋**上，這種結構是某種**優先**的東西；它不是拼湊起來的，它**自始至終**都是一個整體」（第65頁，粗體為作者強調）。

透過「在世存有」（Being-in-the-world）中用連字號將字詞結合起來的表述，海德格在其對「此在」（Dasein）的詮釋中指出，我們的存有和世界之間的傳統存有論鴻溝將會被絕對地抹除。在它們不可分割的整體性之中，我們的存有和我們的世界「自始至終」（primordially and constantly）成為彼此的脈絡。海德格的存有脈絡論中，人類的存有是被置放於我們所居住的世界之中，而我們居住的世界也浸濡在人類的意義和目的裡。海德格為精神分析現象學脈絡論（Atwood and Stolorow, 2014）提供了穩固的哲學基礎，取代了支撐傳統診斷性精神醫學和古典佛洛伊德精神分析的笛卡兒孤立心智觀點。

DSM其實是一本為了診斷失序之笛卡兒式孤立心智的偽科學手冊，因此它完全鄙視人類情緒生活和所有情緒困擾形式中，那精緻的脈絡敏感性（context-sensitivity）和根本的脈絡依賴性（context-dependence）。艾特伍和我反對DSM，我們（Atwood and Stolorow, 2014）認為所有的情緒困擾都是在人類彼此相互關聯的脈絡中構成，更精確地來說，來自於情緒創傷的脈絡。這樣的創傷脈絡顯現於持續的情緒經驗無效化，並將兒童對象化為本質上的缺陷者：這樣的創傷很容易在接受精神醫療診斷的經驗中重覆出現。而這再度受創實際上卻又共構了表現出來的臨床圖像。[1] 拉特克利夫所闡明的存在性無望感現象學說明，邀請我們

1　原註1：見Atwood（2011），第二章。

去探索並珍視其脈絡鑲嵌性，但他卻又把它封裝在客觀化的精神醫療診斷語言之中，否定了此一鑲嵌性！我認為這樣的批判對整個現象學心理病理學領域都是有效的。

存在性焦慮與情緒創傷

拉特克利夫指出他對存在無望感的描述和海德格以現象學描述存在性焦慮（Angst）有個重要的相似之處，也就是日常生活的世界失去了實踐上的意義。拉特克利夫沒有討論到的，是海德格對焦慮的存有論描述之中，焦慮的現象學核心特徵即是日常生活意義的崩塌以及隨之而來的異樣感（uncannniness），從而在日常世界中也不再感到好像在自己家中的那種自在，此實是奠基於海德格所說的本真的（authentic）（無可迴避地屬己〔non-evasively owned〕）朝死而生（being-toward-death）。以此來看，死亡是構成我們存在的獨特可能性，使我們得以在我們的未來性與有限性中通達自身。

在我的研究中（Stolorow, 2007, 2011），我認為情緒創傷會產生一種情感狀態，其特徵很像海德格對焦慮之存在性詮釋所顯露的核心要素，之所以如此是因為情緒創傷讓受創之人陷入某種本真的「朝死而生」。創傷破碎了日常生活的幻覺，這幻覺迴避與遮蔽了我們自身存在的有限性、偶然性與嵌入性，以及其必然滅絕的未限定性（indefiniteness）。這種破碎，暴露了此前所隱藏的事物，將受創者拉入一種本真的朝死而生樣態中，也就是拉入焦慮，即喪失日常意義性的異樣感裡，從而揭露了本真的朝死而生。我所描述的情緒衝擊，干擾了我們的時間經驗以及與他人

的聯繫，與拉特克利夫說的存在性絕望的相應特徵非常相似。我認為，創傷會毀滅性地破壞普通的、平均日常狀態裡的線性時間性，也就是從過去延伸到開放之未來的感受。情緒創傷經驗被凍結在恆常的現在，一個人永遠被困在其中，或註定不斷地回到其中。在創傷地帶，所有時間的持續性或延續性都崩塌了，創傷的過去變成了現在，而未來除了無盡地重複之外不具任何意義。由於創傷如此深刻地改變了時間的普遍或共享結構，所以我認為，創傷者實際上生活在另一種現實裡、一個與他人無法共量的經驗世界裡。這種感受上的無法共量性，又反過來加強了與其他人的疏離和隔閡，因此成為了有如鬼打牆般反覆的創傷再現。重度情緒創傷經驗自有其脈絡，但卻被掩蓋於拉特克利夫對存在感受優美的闡述之同時所使用的去脈絡化精神醫學語言。重度情緒創傷的形成脈絡正是被 DSM 對象化之情緒障礙的形成脈絡（Atwood, 2011），其實並不意外。根本沒有診斷下的實體，只有令人荒蕪的脈絡。

　　什麼使我們能夠本真地存在？也就是說，什麼能讓我們擁有我們自己的「朝死而生」並且去承受這樣的擁有所帶來的存在性焦慮？海德格並沒有告訴我們，但創傷的現象學以及促成其轉化的關係脈絡，提供了線索，讓本真性成為可能。

　　我已經主張，情緒創傷可以在獲得理解的關係脈絡下承受，這樣的理解脈絡，我稱之為「**關係之家**」（relational home），在這裡創傷經驗得以被承接。在某種意義上，在一個有著接納和理解的「關係之家」脈絡裡，創傷狀態可以不再是創傷性的，或者不再如此延續。在如此的關係之家中，創傷狀態的嚴重性逐漸減輕，也就是變的比較不那麼全面或更可以承受，從而讓迴避性的

75

防禦變得不那麼必要。因此，在可以涵容的關係之家中，創傷者可以開始朝向更為本真（非迴避）的存在。我要提出的是，本真性，作為創傷所喚起的可能性之一，是嵌入在一個更寬廣的脈絡整體，於其中創傷狀態可以演化為痛苦的情緒經驗；這些經驗雖然痛苦，卻可以被充分地感受與表達，而更能夠忍受，最後可以被好好地整合。本真存在要求著不去迴避有限性經驗而生活在情緒痛苦之中（例如存在焦慮），這種能力反過來會要求痛苦去找到它得以被承接的關係脈絡。[2]

在創傷的現象學中，我們把妄真性（inauthenticity）所對應的部分稱之為解離（dissociation），這是大多數探討創傷的學者所討論的一種防衛歷程。我將防衛性解離現象學地理解為一種有如隧道般的視野（tunnel vision），是一種個人經驗界域（experiential horizons）的窄化，用以排除與迴避恐懼、禁忌與情緒上無法承擔之事物。這種個人界域的窄化是情緒創傷的破壞性衝擊到我們時間性經驗的過程，從而形成無法共量之情感世界的分離。我使用「港口鑰」（portkey）一詞，這是從《哈利波特：火盃的考驗》（Rowling, 2000）中所借來的概念，用來捕捉情緒創傷對我們時間經驗的深刻衝擊。哈利是一個經歷嚴重創傷的小男孩，幾乎被他殺害他父母的凶手殺死，並在一個對他不好的寄養家庭中長大。他帶著毀滅性的創傷成長，也成為了擁有神奇魔法能力的巫師，但他卻從未擺脫原先的創傷經驗，並總是遭受到殺害他父母凶手的威脅。身為巫師，他拿到了港口鑰，那是

2　原註 2：我認為（Stolorow, 2011, Chapter 9）在海德格研究《存有與時間》（*Being and Time*）的思想期間，他在與漢娜．鄂蘭的密切聯繫中找到了這樣的一個關係之家。當他凝視虛無的深淵時，在他身邊有著支持他的繆斯女神。

可以立即將他運送到其他地方的東西，而且並不需要在地點與地
點間移動所需的一般時間。[3] 情緒創傷的港口鑰會一次又一次地 76
將人們帶回受創的經驗之中。像港口鑰這樣的經歷感，會扭曲甚
至抹除了一個人「在時間中存有」（being-in-time）的自我整合
感。

　　情緒創傷的無止盡輪迴來自我們存在的有限性以及我們所愛
之人的有限性。[4] 也就是說，本真的時間性，就其承認人類的有
限性而言，就是創傷的時間性。創傷復原（trauma recovery）是
一個自相矛盾的話語，因為人類的有限性以及其所跟隨的創傷
衝擊並不是可以恢復的一個「病」，失落的天真也無法被找回。
「復原」是對一個擴展了的情緒世界的不適當用詞；這擴展了的
情緒世界共存於被創傷所粉碎而消失之情緒世界旁。而擴展了的
世界和粉碎消失的世界可以如何地被整合或解離，要看創傷粉碎
所引起的情緒痛苦是否被整合起來，或者保持在防衛性的解離狀
態，這又取決於如此的痛苦能否找到得以包容它的關係之家。這
是座落於創傷時間原點的本質性斷裂。從這個角度來看，本真性
可以被理解為擴充的情感世界以及創傷所碎裂的世界之間的相對
便利通道。

　　掌握與肯認著自身虛無的本真存活，必然承受著如影隨形
的黑暗預感，顯示出創傷時間性的特徵情感。我認為（Stolorow,

3　原註3：我的妻子萊莉婭・施瓦茨博士（Dr. Julia Schwartz）首先讓我注意到這個港口鑰的意
　　象；它是一個捕捉到創傷對時間性經驗影響的隱喻。

4　原註4：我曾說（Stolorow, 2011），本真的「朝死而生」不僅需要承認自己的有限性，也需
　　要承認我們所愛之人的有限性。因此，本真的「朝死而生」總是將「朝失落而生」（Being-
　　toward-loss）作為核心的組成部分之一。就存在而言，就像我們「總是已經在死亡之中」
　　（always dying already）（Heidegger, 1927, p. 298）一樣，我們也總是已經在悲傷。死亡和失
　　落在存在上是同等根本的；存在焦慮預視著死亡和失落兩者。

2007, 2011），這樣的黑暗只有在深刻的情緒同頻共感與理解的關係脈絡下，才能被持續地承受。此論點對情緒創傷的治療方法有著至關重要的意涵。

治療意涵

我一直移向一種更積極、更具有關係性的治療行為形式，我稱之為「**情緒的棲居**」（emotional dwelling）。當棲居時，人們不僅僅在追求從他人的處境來同情共感地理解其情緒痛苦——這是人們會做的，但所做的更多。當棲居時，人們會傾身向前並參與對方的情緒痛苦，也許會藉助自己所經歷過的類似痛苦。我發現，在治療性地靠近情緒創傷時，這種積極、臨在、參與式的作為尤其重要。我們用以討論他人情緒創傷經驗的言語是與其創傷迎面撞上，勾劃那些無法承受與無法忍受的感受，說出那些說不出的東西，而不是試圖平復、安撫、給予鼓勵或掛上保證，後面的這些往往會被他人經驗為排斥或迴避他或她的創傷狀態。

如果我們要成為理解創傷者的關係之家，我們必須要容忍，甚至去借鑒我們自身存在的脆弱面，這樣我們才能毫不畏縮地與受創的他或她共處，一起經驗那無法承受又不斷再現的情緒痛苦。當我們可以棲居於他人所無法忍受之痛時，他們破碎的情緒世界就能閃耀出神聖的光芒，並召喚著理解和關懷的交流，於其中創傷狀態得以逐漸轉化為可以承受並可以名之的痛苦感受。

我們的存在結構之中，有什麼是讓找尋與提供關係之家給情緒創傷者成為可能呢？我曾說過（Stolorow, 2007, 2011），正如朝向死亡和失落的有限性與脆弱性是我們存在結構的基礎，這也

是我們得以身為「同處暗夜的手足」（Vogel, 1994, p. 97）而遭逢彼此的存在性環節；因為共同的有限性，我們可以深刻地連結彼此。因此，雖然情緒創傷的可能性總是存在，但同樣總是存在的是，形成情緒同頻共感之深刻連結的可能性，於其中毀滅性的情緒痛苦得以被接應，變得更加可承受，甚而有希望在最終得以整合。我們「黑暗中的親屬關係」（kinship-in-the-darkness）的存在特徵，正是構成情緒創傷的深度脈絡性以及人類理解轉化力兩者可能性的條件。我建議，正如沃格爾（Vogel, 1994）也曾建議的，肯認我們存在性中「有限性的親屬關係」（kinship-in-finitude），對所謂的「有限性倫理」（ethics of finitude）有著至關重要的意涵，因為它促使我們、甚至要求我們，在乎並照料我們兄弟姊妹的存在脆弱性與情緒痛苦。

結語

我已經提出了對於傳統現象學心理病理學的批判，在於它未能夠挑戰與超越傳統的精神病理診斷以及其背後的笛卡兒式孤立心智思維。如此物化的思考無法看見情緒困擾在情緒創傷構成脈絡的鑲嵌狀態。我認為並沒有精神疾病實體，只有創傷的脈絡。我也提出，海德格的存在性分析不僅為精神分析現象學脈絡論提供了哲學基礎，也提供了掌握情緒創傷之存在意義的途徑。

如果現象學心理病理學納入了我的批評和主張，它會是什麼樣子呢？一方面，它可以顯明情緒世界被特定形式之情感困擾所破壞和改變的向度。正如同先前我提到過的拉特克利夫（2015）提供了絕佳案例，即以現象學描述分析了存在性的無望感。在另

外一方面，它會在混亂的情緒世界形成過程中，尋找並指認情緒創傷的特定脈絡，而不是精神疾病的診斷！不實際化精神疾病實體，並聚焦於情緒創傷的脈絡，現象學心理病理學會更相關於精神分析治療，並且是更純正「現象學的」！

對話

喬治：羅伯，我們在採用現象學觀點上前後一致，難道不會削弱了心理病理學這個概念本身嗎？

羅伯：如果我們將「病理學」理解為指向個人全然的內在條件，同時無視於這些條件的構成脈絡的話，是的，的確如此。「精神疾病」、「心理障礙」、所有與各種疾病診斷的「實體」都會消失的無影無蹤。

喬治：因此，診斷的工作改變了，並且更加複雜：根據它們最顯而易見的主觀主題，來重新聚焦並描述不同的世界經驗。這些世界，以其所有的不同變化，接著被概念化成不可分割並相嵌於互為主體脈絡中。若有任何診斷，都必須將這些脈絡考慮進去。

羅伯：黏附於所謂精神疾病的偽科學觀點阻礙了現象學的考察，因為這讓我們把注意力集中到病人從我們所想像的理想正常狀態偏離出去的經驗與行為。然後再把那些從理想狀態偏離的部分視為由一個人的內在所發出的各種症狀，如此就讓臨床觀察者無視於他或她所看到之構成脈絡的鑲嵌情形。

喬治：我想，臨床工作者需要考慮傳統診斷框架對觀察病人與分

類病人所造成的衝擊。而他們也應該從互為主體性與現象
學這截然不同的向度思考診斷所造成的影響。

羅伯：當有人對我們的經驗與它們的脈絡有所興趣，通常會讓人
感覺被理解；相比之下，被視為心裡頭生病的衝擊，往往
會有著被苛刻地評估與物化的感受。

喬治：可以用一個例子想像一下被診斷為「思覺失調」像什麼感
覺。對一個已經很困難地在維繫他或她的自我感與情緒世
界的人來說，這樣的診斷所造成的衝擊可說是相當具毀滅
性。我曾經有一位病人在被她的精神科醫師以這個診斷強
烈面質之後來找我。醫生告訴她，她需要終生服用抗精神
病的藥物，因為她的病是無法治癒的。她覺得因為這樣的
宣告，自己就被定位了而且沒有用了，接著就感覺到有神
祕的生理缺陷開始在她腦中成形。她求我向她解釋這個
「思覺失調」是什麼，以及解釋她的大腦到底出了什麼
問題。我看到了診斷的屬性如何侵入並篡奪了她非常不穩
定的自我感，因此決定來扭轉這可怕的影響。我告訴她，
我要跟她說一個祕密，並且希望她可以好好聽我說。我跟
她說整個精神醫學的診斷系統都是不科學的還破產，而她
應該忽視醫生那麼強力的提議。我說那都是廢話！但是我
並沒有在那裡止步。這位病人繼續告訴我她生活中最近所
發生的嚴重不穩定的事件。我只告訴她，她在過去幾週好 79
像在地獄裡頭，而所有的事物都分崩離析了。就這樣，就
只有這樣。只是重申她並沒有罹患不治之症，也告訴她沒
有任何讓她不能康復並把事物重新組合回來的理由。當我
說了這些之後，她微笑對我說，「我想你和我會相處得很

好。」我和她一起工作了三十多年，而她做得很好！

羅伯：這真是一個好例子，喬治，讓我們可以對比兩種截然不同的影響，一邊是病理化的診斷態度，而另外一邊是現象學脈絡論的思考。你為病人所提供的現象學描述顯然具有治療的效果。

喬治：沒有什麼是比被理解的經驗更有力量的治療方法了。相對的就是診斷的物化所造成的可怕破壞性。我這裡有一個年輕人約翰的故事，他在被告知診斷後之後自殺。這個年輕人是一位學生也是我一位病人的室友，他經歷了數個月的情緒危機，也瀕臨要因學業失敗而離開大學。在他的許多症狀中，有著愈發劇烈的情緒波動，並在幽暗的絕望與歡愉的燥狂間擺盪。約翰在他母親的催促之下到當地的心理健康中心預約門診，接受了一位精神科住院醫師的診察。診察談話涵蓋了他的大學學業、最近與女友的分手，以及他原生家庭的創傷歷史。他父親情緒非常不穩定且他躁鬱兩極轉換的情緒狀態反覆地擾亂家庭生活。根據他所述，他父親是「來自地獄的惡魔」，徹底摧毀了家庭生活的和平與穩定。那位精神科醫師看著病人最近的掙扎，也聽了他的家庭史，他說「約翰，診斷已經非常清楚了，從你的遺傳背景可以確認：你得到的是雙極性障礙症。這個病是可以治療的，我會開情緒鎮靜的藥物，而你將需要無限期服用。」約翰聽了醫生的話，並感謝醫生的誠實、帶著他的處方簽離開了診所。我會知道是因為約翰向他的室友，也是我的病人，簡短說了他與精神科醫師的會談。約翰覺得被告知他注定如同他父親一般，受精神疾病的折磨而成

　　為另外一個來自地獄的惡魔。那天稍晚的時候，約翰上吊了。他留下了一張紙條，解釋了他的決定。

羅伯：這是一個可怕的故事啊，喬治！這位精神科醫師明顯地只想到他提供的是他病人精神疾病的訊息，而即便已經知道他和他爸爸病史的情況下，這位醫師絲毫沒有想到這個診斷所可能帶來的感受。這失敗讓這位病人付出了生命的代價。喬治，要是你，會怎麼做出什麼樣不同的處理呢？

喬治：這的確是一個可怕的故事，羅伯，這也是一個讓我的病 80
　　人，約翰的室友，深感痛楚的故事，因他沒預期到朋友的死亡而責備自己沒能預先看見這樣的災難。如果我是那位面談的醫師，我很確定我不會告訴約翰他得了叫做雙極性障礙症的疾病。我可能會注意到在約翰與父親之間似乎有著相應的心理困擾，並且會考慮約翰是否會因覺知到自己與父親的相似而感到害怕。在我的經驗之中，有著嚴重情感困擾父母的孩子總會害怕重複他父母的命運。我會說的大概像是我對那位被告知患有思覺失調症的病人所說的一般。或許我會告訴他，他應該要放下他所想像和父親的平行類比，並且我認為他的情緒危機是來自於創傷：與女友災難般的分手，並且家庭史中反覆出現的創傷性破壞可以一路回溯到約翰的早年。我將會向他解釋，創傷是可以修補的，那不是一個注定要終身受苦的精神疾病。我也會表達我自己的觀點，告訴他整個精神疾病診斷系統的信用早就破產，因為它基於過時的形上學，而且沒有足以信任的科學證據能支持它。我不認為自殺會接著發生，因為沒有理由這樣子做。

羅伯：讓我們從被稱為「精神病的」（psychotic）的極端狀態，
轉回到更尋常但經常被診斷為性格障礙的型態。

喬治：好的，我們來擴大範圍。

羅伯：傳統上，在心理學、精神醫學與精神分析中，性格
（character）這個詞被用來指涉行為特質的群集或配置，
例如「肛門型性格」指得是強迫與完美主義者；「歇斯底
里型性格」被描述為表演性的；「被動攻擊性格」則透過
壓抑隱蔽地表達憤怒；「自戀型性格」則過度的自我中
心；「邊緣性性格」有著混亂與原始的關係，等等。

　　要怎麼將焦點轉到情緒經驗的組織或世界的現象學來
理解性格呢？我們一直認為如此情緒經驗的組織形成於人
類彼此關連的脈絡之中。從發展的角度來看，「兒童－照
顧者」系統中反覆出現的情感互動形式讓規則得以成形
（主題形式、意義結構、認知情緒基模等等），並形成接
續而來的情緒經驗，尤其形成對重要關係的經驗。這些組
織原則是無意識的，並不是說被潛抑，而是因為先於反
思。通常，我們就只是有了經驗，我們不會去反思那些形
成經驗的原則與意義。

　　從我們的角度來看，一個人前反思組織原則的總體構
成了他或她的性格。以此觀點，其實並沒有如同去脈絡化
的實體或形上學本質的性格「類型」，因為每一個人的組
織原則與其序列都是獨一無二的，是來自於他或她的獨特
生命史的產物。這些組織原則幾乎出現在一個人生活的所
有重要層面：在重複的關係型態、職業選擇、政治承諾、
興趣、創造力活動、幻想、夢以及情緒困擾中。而精神分

81

析治療是一種對話的方法，用來將這種前反思性的組織活動帶入反思的自我覺察之中，尤其是當它以移情的形式將治療關係塗抹上不同的色彩之時，從而它就有望被轉化。

喬治：雖然性格類型並不是如隔離的與去脈絡化的實體，但卻是重複出現的特定互為主體交流模式，因此可以被分別與描述出來。從我們的觀點來看，這些明顯僵化模式並不來自固定的內在心靈結構，而是來自相對穩定的互為主體相互性配置，其中包括了在關係周遭之他人所引起的典型反應。如此互為主體模式的探究顯示了臨床心理分析研究中的一個重要領域、一個現在幾乎沒有開始探索的領域。

羅伯：喬治，這樣的研究有什麼樣的目的呢？

喬治：其目的在於闡明經驗的特徵模式如何鑲嵌於它們的構成脈絡之中！

羅伯：在這裡看一下我們所理解的發展性創傷或許會有所幫助。在我們的設想中，情緒創傷的早期脈絡對性格發展有著特別重要的影響。以我們的角度來看，發展性創傷並不像佛洛伊德所認為的那樣，有如裝備不良的笛卡兒式容器裡的本能氾濫，而是一種難以承受且痛苦的情緒經驗。更進一步的來說，情緒狀態的難以承受無法單單以，或甚至全部以傷害事件所引發的痛苦感覺的數量與強度來解釋。只有在它們被感知到的關係系統中，創傷情緒狀態才能被掌握（Stolorow and Atwood, 1992, Chapter 4）。發展性創傷起源於具形成作用的關係脈絡，其中的核心特徵是對痛苦情緒的無法同頻共感（malattunement），這讓兒童－照顧者系統崩潰而導致孩子失去了情感整合能力，進而導致了無

法承受、不知所措與混亂的狀態。當孩子在承受與整合痛苦或驚恐的情緒而需要幫助，但關係中之他人的同頻共感卻不存在時，那些情緒就會變成創傷性的。創傷是在關係脈絡中形成的，於其中，重度的情緒創傷沒有辦法發現一個可以理解的「家」來協助支撐。這樣的理解就會接著讓我們明白，如果是在一個有反應的環境氛圍中，那傷害性的童年經驗就不一定會成為創傷性（或至少不會持續）或是致病性的。**痛苦並不是病理性的。**正是由於缺乏對孩子痛苦情緒的適當同頻共感，才使得痛苦無法承受，從而成為創傷狀態與心理病理學的根源。這樣的概念化既適用於離散的、戲劇化的創傷事件，也適用於更微細的、在童年期間所不斷發生的「累積性創傷」（cumulative trauma）（Khan, 1963）。例如，父親或母親自戀性地使用自己的小孩，可能會妨礙對孩子痛苦情緒狀態的辨認、接受與同頻共感反應。

正如我在前一章所討論的，從關係的角度來看，發展性創傷的後果之一，是讓情緒狀態有了持續而毀滅性的意義。因為不斷反覆的無法同頻共感經驗（於其中兒童感受被忽視、拒絕、無用、沒有價值、羞恥、懲罰等等），兒童無意識地相信自己沒有被當一回事的發展需求，以及其反應性的痛苦感受正展現了自己令人厭惡的缺陷，或是與生俱來的內在的壞。一種防衛性的自我理想型通常就被建立了起來，淨化了不被照顧者歡迎或對照顧者有害的冒犯情緒狀態，以呈現出代表自我的形象。活出如此情感淨化的理想狀態，成為孩子與他人保持和諧聯繫與維繫自尊

82

的核心需求。自此之後，被禁止的情緒若浮現出來，就會被經驗成這個理想之具身演出的挫敗，從而暴露出本質的缺陷或壞，並伴隨著孤立、羞恥與自我厭惡的感受。具有這樣無意識組織原則的人會預期他或她的感受總是會遇到他人的厭惡、輕蔑、無興趣、警告、敵意、剝削等，或是會傷害他人並摧毀他或她與人們的關係。例如，在精神分析的情境之中，這樣的預期是一個阻抗情緒體驗與表達的強大源頭，經常在無意之間被分析師肯定。從這個角度來看，頑固重複的移情反應和阻抗可以被理解為病人－分析師系統的僵化穩定狀態，其中分析師立場的意義緊密地與病人嚴苛的期待與恐懼相連，也因此讓病人反覆受到再次受創的威脅。

在這種理解下，性格障礙的精神病診斷會產生什麼樣的變化？這些診斷會消失，取而代之的是以創傷脈絡中所形成之組織性主題，以及這樣的經驗對個人情緒世界的形塑衝擊。

喬治：這真的是有關發展性創傷很棒的討論，羅伯，並且它的內涵相當地具有革命性。性格或人格的根本概念在我們的討論中被質疑。而另一方面，每個人獨具之存有方式的一致性主題，被我們重塑為鑲嵌於互為主體系統，並且由互為主體系統所構成。對於這樣的重新概念化，不知道世界是否已經做好準備了呢？

【第六章】語言現象學與實在的形上學化 85

在我們開始語言現象學的計畫後不久，我們接觸到安德魯·英克潘（Andrew Inkpen, 2016）的著作《揭曉世界：語言的現象學》（*Disclosing the World: On the Phenomenology of Language*）。這本書光是書名就已經引發我們好奇，其中是否有著我們需要被提點的部分。確實，書中引用了海德格、梅洛龐蒂和維根斯坦的著作，英克潘以優雅和充滿理解的態度呈現語言經驗，以及說明這些經驗的組織原則如何在世界之揭示與開啟的過程中，扮演了建構性且通常是前反思的角色。然而，他並沒有以系統化的態度來探討語言經驗如何，以維根斯坦（Wittgenstein, 1953）的話來說，語言經驗在形上學幻覺（metaphysical illusion）形成中扮演構成性的角色，並迷惑了智性。這正是本章的主題。

維根斯坦闡述語言迷惑人之智性的論點是語言現象學的獨特成就。在《哲學研究》（*Philosophical Investigations*）第 426 節中，維根斯坦提出著名論點：文字的意義在於「實際使用」，並與圖像投出（projection）進行對照：

> 喚起圖像，似乎就毫無歧義地（umambiguously）確定了理解。而實際的使用，與圖像所提示的相比，似乎像某種混濁的東西。……我們使用的表達形式，似乎是為了神祇所設計，祂知道我們無法知道的；祂看到了每一個無限序列的整體，看進了人類的意識。

（Wittgenstein, 1953, section 426, p. 108）

維根斯坦在這裡所說的是，當我們投出圖像做為文字的意義時，會給出了一個上帝視角般的幻覺，彷彿文字的指涉就是事物本身。人對於幻覺般清晰的喜好多過「混濁的」（muddied）視野，後者來自這樣的理解：文字的實際意義是在多重與不斷變化之脈絡中使用而來。當那些幻覺圖像被認為是終極實在的，文字就被轉化為形上學的實體。取代使用脈絡所給出的「混濁」視野，人可以想像一個持存實體的輪廓。形上學幻覺，由實際化的圖像（reified pictures）中介，以上帝視角面對的不可化約之絕對與恆久不變實在，置換掉了存在的有限性與短暫性（Stolorow and Atwood, 2013）。語言對於智性的迷惑，便是如此達成！

接下來，我們要將語言對智性之迷惑的維根斯坦分析擴展到更寬廣的說明，去看一個人的前反思語言經驗如何形塑其對實在的理解。

空間位置的幻覺

一個維根斯坦討論過的好例子是，使用文字來描繪幾何空間以適當地「座落」（locate）情緒經驗。當人們訴說自己的內在經驗，他們的**內在**感受，並讓憤怒（從裡面）**出去**、接納事物**進來**、**向內觀看**（內省）等等。這些表達相應了笛卡兒視心靈為思考物的圖像：有著種種內容的內在，往外看著與自身二分的世界。這樣如座落在笛卡兒主義空間中之實體的心智圖像、在日常語言經驗中被確立的圖像，實際化了札哈維（Zahavi, 2005）所

說的經驗的自我感（experiential selfhood），也就是人經驗中的「屬我性」（mineness）。這圖像在反思之前（prereflectively）就將脆弱的、脈絡依存的和短暫的屬我性經驗轉換成為幾何空間的穩定清晰。

可知覺之本質的幻覺

另一個維根斯坦所討論的例子是，使用單一詞彙去指稱彼此有著「家族相似性」的一系列項目，即共享某些特定性質的項目。當這些事物被歸類在一個詞彙下時，就會把每一個項目作為例顯，而創造出它們共同具有之本質的實際化圖像。舉例來說，精神醫學《精神疾病診斷與統計手冊》（*Diagnostic and Statistical Manual*）會列出許多不同症狀，並且宣稱這些症狀是某一疾病診斷實體的特徵。以憂鬱症來說，當病人表現出一定比例的症狀，就會被稱為罹患了這個疾病。也就是說，人們因其各自的痛苦所呈現出的家族相似性，透過被如此命名的實際化圖像，而成為一個個例子，顯示了某一診斷的形上學式本質、一種可以藉由某種形式的「本質直觀」（eidetic intuition）（Husserl, 1900, 1913）而被直接感知的本質。

透明的幻覺

再次思考一下，「心智」（mind）這個詞彙依據其在特定的使用脈絡，呈現出多重的意義。其中的一種意義是經常被想像到的一個圖像，即一個具有外在界線與內在內容的實體。就如同 87

我們早先所提到，這樣的內部空間圖像實際化並絕對化了「屬我性」的主體經驗，也將個人的知覺，想法和感受「作為個人自己的」經驗形上學化。當一個人認為自己和他人都擁有心智，是一個如太陽會在早晨升起一樣毫無爭議的命題，經驗生活就獲得了「向內」的向度，從而將經驗主體與「外在」實在分開。在實際語言使用時，這個詞彙所伴隨的圖像會有所波動：其所表示與暗示的、其所視象化與絕對化的，同步著語境的時時刻刻變化，在種種差異間形成舞動。

當一個人想像「心智」一詞的含義完全與其所相關聯的圖像一致時，也會同時預設這個意義是與他人共享的。因此，在對話中使用這個詞彙會被他人認為此詞彙是透明的，這也就是假定這個他人活在共同的世界中，並可以精確地接觸到被說出的事物。然而，一個人如何能夠知道這個詞彙的意義，甚至任何其所使用的詞語意義，對自己與對別人都相同呢？

或許這個透明的幻覺，也就是意義絕對等價的幻覺，是互為主體關係之有限性所造成的孤獨痛苦感受的解藥。一個人永遠無法絕對確定另一個人的經驗，唯一的可能性是越來越逼近的相似。是否透過接受詞彙意義的普遍化圖像，將其視線從相互理解的缺陷和模糊上移轉開來，人就能避免感受那無法承受的孤寂？

形上學的悲劇

第一個系統性地探究人類有限性悲劇與無所不在之形上學幻覺之間關聯的西方哲學家是威廉·狄爾泰（Wilhelm Dilthey, 1910）。藉由德穆爾（de Mul, 2004）優雅的重構，狄爾泰一生的

著作可以視為以「生命範疇」（life categories）取代康德式先驗
（a priori）的努力，前者帶有歷史偶然性，建構於生活歷史的過
程之中，後者指的是我們藉以認識世界的無時間性知覺形式和認
知範疇。狄爾泰的歷史意識有著悲劇性的一面，因為它呈現出
「哲學欲望著普遍的有效性（形上學衝動）以及理解要滿足這種
欲望之嘗試的根本有限性，兩者之間的悲劇性矛盾。」（de Mul,
2004, p. 154）狄爾泰對於這個悲劇性矛盾的承認，讓他得闡明一
種關於形上學的詮釋現象學。狄爾泰對形上學發展的歷史重構，
目的就像將其安樂死一般。儘管他認為形上學是人類本質所固有
的欲望，他試圖要揭開的卻是這個無所不在之欲望所創造的幻
覺。根據狄爾泰，形上學幻覺將歷史偶然性聯繫所形成的可理解
性（intelligibility）或他最終所用的稱法，世界觀（worldview），
轉化為實在的永恆形式。預示著海德格（Heidegger, 1927）的理
解，狄爾泰認為每一個世界觀都奠基於對生命有限性的悲劇性領
悟情緒（mood）上。將世界觀形上學化，是將人類事物之無法
承受的脆弱與短暫轉化為持續、永恆與不變的實在，也就是一個
永恆真理的幻覺世界。狄爾泰認為形上學衝動是一種持續不懈的
傾向去把真實的經驗，即種種實體如何為我們所通達，轉化為真
實實在（the really real）的實際化影像。在本章中，我們提出了
語言現象學的一個特定特徵，即詞語對應著圖像以及這些圖像描
繪著形上學實體的前反思（prereflective）假設。這個特徵在如此
的幻覺轉化上扮演了構成性的角色。

88

日常生活的形上學幻覺

對字詞總是連結著實際化圖像的理解就引導出這樣的想法：人們一般可說是形上學者。如果所有被說出口的字詞都有其固定的意涵以及普世皆通的意義，人們就可以不用焦慮地承認互為主體生活中所具有的偶然性與不斷變化的本質。有哪些相互關聯的經驗向度涉入到這種日常生活的形上學化呢？

其中一個是堅實性（solidity）：也就是說，有形的、物理性的、密度和重量的知覺。當一個人的言說沒有固定與絕對的意義，那他所依靠的基礎就有煙消雲散的危險。

第二個向度是連續性（continuity），亦即一個人所說的種種事物經過時間推移之下仍舊保持相同的經驗。字詞使用下所喚出的實際化圖像顯示出令人放心的、從此時到彼刻的穩定性，提供了不陷入時間混亂的保護。

另外，還有一個向度是一致性（coference）。人們設定的圖像所捕捉到的言說意義，是好似具有獨立存在之一整體或同一者的全部或部分。當這種一致性被剝奪，一個人的世界中的所有事物，包括他人與自己的自我都會崩潰到無法忍受的不確定狀態。

當人們想像，作為其所說字詞的意義，對所有人都透明適用的實際化圖像消失，並且被變動脈絡中字詞的流動性所置換，那麼人類的語言和溝通經驗會發生什麼變化？在口語的交流中，我們與他人原有的確定感逐漸消融在不斷變化的不連續性與不堅實感中又會如何？藉由形上學化每日言說中的字詞與意義，人類將平靜的次序感賦予到他們的生活經驗，還有到象徵性地再現這些經驗的語言。語言讓人類有限性的揭露成為可能，但也同時提供

了閃避有限性悲劇的管道。

結論

　　在大多數的情況下，「有限性」用來指稱時間上的限制性——死亡。但這個詞同時也可以被概括為人類有限存在的所有樣貌，其中每個樣貌都可能是創傷性情緒的來源（Stolorow, 2007）。舉例來說，如同我們已經指出的，清晰與確定認識的不可能性和所對應之互為主體關聯的有限性。人類必須駕馭有限性的多重向度，而他們的做法是去創造大量的形上學幻覺來閃避或抵銷相對應的創傷情感。人類遠非作為理性動物而突出，而是如同狄爾泰所述，無法於形上學幻覺之外生存。如維根斯坦所理解的如此幻覺，是因為語言現象學而揭示出來。狄爾泰將形上學衝動主要維持在抽象的哲學系統中，而我們把它延伸到日常生活中。我們也與維根斯坦不同，他相信可以透過良好的哲學思考來克服語言對智性的迷惑，而我們認為的是，這種迷惑是永無止境地對抗有限性悲劇所需要而無法除去的特徵。

【第七章】經驗自我感，並非「自我」 ⁹¹

> 當代有關人類存在的分析使我們所有人都感到脆
> 弱、像是黑暗驅力的力量、像是神祕與幻覺造成的受苦
> 感，以及所有生命顯現出的有限性，即便社群生活的最
> 高創造都是來自於此。
>
> ——威廉・狄爾泰（Wilhelm Dilthey, 1910, p. 172）

形上學衝動

　　第一個系統性地探究人類有限性悲劇與無所不在之形上學
幻覺之間關聯的西方哲學家是威廉・狄爾泰（Wilhelm Dilthey,
1910）。藉由德穆爾（de Mul, 2004）的重構，狄爾泰一生的著
作可以視為以「生命範疇」（life categories）取代康德式先驗（a
priori）的努力，前者帶有歷史偶然性，建構於生活歷史的過程
之中，後者指的是我們藉以認識世界的無時間性知覺形式和認知
範疇。狄爾泰的歷史意識有著悲劇性的一面，因為它呈現出「哲
學欲望著普遍的有效性（形上學衝動）以及理解滿足這種欲望之
嘗試的根本有限性，兩者之間的悲劇性矛盾。」（de Mul, 2004,
p. 154）狄爾泰對於這個悲劇性矛盾的承認，讓他得闡明一種關
於形上學的詮釋現象學。

　　狄爾泰對形上學發展的歷史重構，目的就像將其安樂死一

般。儘管他認為形上學是人類本質所固有的欲望，他試圖要揭開的卻是這個無所不在之欲望所創造的幻覺。根據狄爾泰，形上學幻覺將歷史偶然性聯繫所形成的可理解性（intelligibility）或他最終所用的稱法，世界觀（worldview），轉化為實在的永恆形式。預示著海德格（Heidegger, 1927）的理解，狄爾泰認為每一個世界觀都奠基於對生命有限性的悲劇性領悟情緒上。將世界觀形上學化，是將人類事物之無法承受的脆弱與短暫轉化為持續、永恆與不變的實在，也就是一個永恆真理的幻覺世界。狄爾泰與海德格兩者都認為形上學衝動是一種持續不懈的傾向去把真實的經驗，即種種實體如何為我們所通達，轉化為真實實在（the really real）的實際化影像。

精神分析理論中的悲劇與形上學

喬治・克萊因（George Klein, 1976）宣稱，佛洛伊德的精神分析理論實際上混合了後設心理學與臨床理論等兩種來自相異論述宇宙的理論。後設心理學處理的是經驗的物質基礎，座落於無人稱之結構、作用力和能量的自然科學架構。

相反的，臨床理論處理的是，從個體獨特的生命歷史來看的意向性與個人經驗的無意識意義。

臨床精神分析問「為什麼」（why），並從個人的理由、目的和意義中找尋答案。後設心理學則是問「怎麼會」（how），並於無人稱的機制與因果等非經驗領域尋求解答。克萊因試圖解開後設心理學與臨床概念的糾纏，只保留後者作為精神分析理論的合法內容。對克萊因來說，精神分析的根本任務是在解讀被否認的意向性，以解鎖個人經驗中的無意識意義。而這是一個僅

相配於臨床理論概念的任務，若能清除後設心理學的污染就更好了。克萊因為精神分析提議的激進切除術，明顯影響許多當代思想家，像是莫頓・吉爾（Merton Gill）、羅伊・沙夫（Roy Schafer）以及那些尋求將精神分析重新設想為一種現象學探問的學者，包括我們。

從克萊因的區分來接續擴展，我們進一步把精神分析臨床理論刻劃為情緒現象學，而精神分析的後設心理學則因其假設有終極現實和普世真理，被視為一種形式的形上學。我們認為這樣的分野是所有主要精神分析理論的特徵——它們是情緒現象學與形上學的混合體。情緒現象學體現了悲劇性，即情緒經驗是有限、短暫、依存於脈絡之中、不斷變動並逐漸消散。後設心理學則以形上學幻覺為手段，閃避了如此的悲劇性。當剝除掉了庇護性的幻覺，人類的有限性根本上就是創傷性，而現象學／後設心理學是創傷驅動的二元體（binary）（Stolorow, 2011）。

讓我們接著轉向悲劇性與形上學性的辯證，如呈現於海因茲・寇哈特（Heinz Kohut, 1977）的自我的精神分析心理學。寇哈特對臨床精神分析的巨大貢獻與情緒現象學的一個面向有關，即經驗著的（作為動詞）自我感覺知。自我心理學的理論性語言，以「自我」（the self）這個名詞將自我感（selfhood）經驗實際化，並將其轉化為有著物質屬性的形上學實體。「一個自我」有兩極，以帶著張力的弧線相連。它可以是聚合的，也可以是破裂的。它可能衰弱，但在精神分析中，它是可以復原的。有時，它甚至有著人類作為者的特性，如它尋找著自客體（Selfobjects）（更多的實體），或者在破碎之時，它會有些行動來恢復它的聚合狀態。

93

這個實際化的理論性語言有什麼錯誤？臨床上又具有什麼意義呢？對我們來說，寇哈特（1971, 1977）對精神分析臨床理論最持久也最重要的貢獻是，他承認了無論在發展歷程或精神分析治療中，自我感（selfhood）的經驗必然是建構於情緒性關聯的脈絡中。他領悟到自我的經驗，或它的崩潰，由始至終鑲嵌於脈絡之中。

「自我」（the self）的理論性談論又是如何影響寇哈特這得之不易的臨床脈絡化概念呢？事實上，它撤銷（undo）了這些概念！以「一個自我」作為具有物質屬性的形上學實體，是在本體論上（也就是於其存在或可理解性上）去脈絡化，正如同笛卡兒式心智、一個「思考物」（thinking thing），於本體論上孤絕於世。無論是跟著你還是跟著我們中的任何一人，一物（A thing）保持為它所是的自我同一物（the self-same thing）。把自我感的經驗實際化和轉化為一個實體，有著「固有的……核心程序」（Kohut, 1984, p. 42）或「基本設定」（basic design）（p. 160）的「一個自我」（a self），就剝除了如此經驗當中的細緻脈絡敏感性與脈絡依存性，而這脈絡鑲嵌性卻正是寇哈特所勾勒出的最大貢獻！

或許這種「剝除」正是這些物質化客觀操作（substantializing objectification）的主要目的。他們不正是服務於，透過形上學幻覺，迴避所有經歷過情緒世界崩潰失落的人所熟悉的悲劇向度嗎？我們之前將其描述為「無法承受的存在鑲嵌性」的人類存在悲劇向度（Stolorow and Atwood, 1992, p. 22）。而寇哈特本人在他的成長歷程中經歷過至少兩次世界毀滅般的斷裂，其中一個是第一次世界大戰對他的家庭生活所帶來的影響；在他的嬰兒時

期，父親被徵召入伍後成為囚犯；另外一個則是他在維也納身為醫學生時，納粹摧毀了他當時所處的世界（Strozier, 2001）。自我經驗的物化，為的是讓主體在面臨斷裂、不確定和脆弱時帶來穩定並穩固自我認同。對比之下，現象學脈絡論觀點會去擁抱人類存在經驗中，這些難以承受的脆弱性和脈絡依存性。

　　透過他的自我心理學之眼，寇哈特（1977）把人描述為「一個悲劇人物試圖要表達他核心自我的模式，但其失敗遮掩了他的成功」（p. 133）[1]。以我們的觀點，寇哈特的悲劇人物概念錯失了早於任何原初野心與理想形成之前，就駐存於人類存在核心的如此悲劇；也就是，人類有限性自身以及衰敗、死亡與失落必然性的悲劇。

形上學語言如何迷惑智性

94

　　從自我感的經驗到形上學實體的虛幻轉化是如何完成的呢？有關語言如何迷惑智性，我們在前一章討論過，維根斯坦提供了有說服力的說明解釋了如此轉化的發生。一個字詞的意義被認為在於其投出的圖像，而這圖像接著被想像為相應於一個終極實在的物自身（thing-in-itself）。例如，「自我」（self）這個字詞就被轉化為「一個」形上學的實體：「一個自我」（a self）。取代經驗性的自我感所給予的「混濁泥濘」（muddied）視野：那是有限的、偶然的、不穩定、暫時的，以及在不斷變動的關係脈絡中被打亂後再重組，一個人可以想像一個穩定二元結構的清晰輪廓；這樣的結構會傳承數代，就像是佛洛伊德後設心理學的三層

1　　譯註：該句原文為：Tragic Man [who] seeks to express the pattern of his nuclear self [but whose] failures overshadow his successes。

結構一樣。形上學幻覺以上帝視角下不可化約之絕對的與永恆不變的實在圖像，置換了人類存在之悲劇的有限性與短暫性。

對話

喬治：這兩章（第六與第七章）結合得非常漂亮羅伯，「自我」（the self）概念在語言使用上的實際化，是形上學化中一個非常特別的例子。

羅伯：沒錯，像我們前面討論的那樣，我們的文字和概念經由轉化，迴避了文字意義不斷變動的脈絡依賴性，並且提供了我們的言說一種令人安心的穩定、實在和一致的幻覺。

喬治：令我驚訝的是，我們在這裡的想法呈現出了自一九七〇年代以來，我們就關注的主題之最新和最極端發展——即對於後設心理學的批判。在我們的第一本書，《雲中的臉龐》（*Faces in a Cloud*, Stolorow and Atwood, 1979），我們提出那些人格理論系統是如何圍繞著人類經驗的實際化和普同化圖像而結構起來，如此的圖像反映出、也象徵著理論學家對他們自己核心的議題與衝突的個人解答。我們在這本書中討論的後設心理學，跟哲學中的形上學有高度的相似度，同樣都專注於絕對性與普同性。最終，我們看見這個後設心理學即是一種形上學。

羅伯：最初，我們想像著一個無後設心理學的人類經驗科學的可能性，它將不需要普同化的實際化歷程，並能夠說明個人主觀世界的豐富性與多樣性。然而，我們逐漸認識到要擺脫形而上學的夢想是不可能實現的，因為在我們領域內的

理論性架構，包括我們自己的，總是不可避免地顯現出一種形上學衝動的存在。

喬治：在這裡，我們將這個想法擴展到一般人類日常生活的領域。不只是在我們學科中的偉大理論家是形上學家；我們所有的人在最基本的溝通方面也是如此。 95

羅伯：沒錯喬治，我們的理解如同狄爾泰所說，我們都以形上學的形式在逃避人類有限性與短暫性所帶來的創傷。

喬治：逃避有限性與短暫性的人生是我們思考中的一個普遍特徵，是人類處境中共享經驗的一部份，沒有人能豁免。如果說形上學衝動的說法本身也是我們的形上學的話，你認為是否正確？

羅伯：我想這牽涉到這個衝動被如何地概念化。如果把重點是將形上學視為人類經驗的恆久和本質的特徵，那麼我們就是在主張人類生活中一個不變且普遍存在的主題。如此就會出現悖論。

喬治：這就會讓我想到在閱讀沙特（Sartre, 1943）《存在與虛無》（*Being and Nothingness*）時的一些東西。沙特所描述的「自為存在」（being-for-itself）即人類意識，在他的哲學中即是永遠渴望著佔有「自在存在」（being-in-itself），也就是物質性客觀事物領域的清晰與堅實。事物具有永久和確定的性質，而意識沒有。但自為存在永遠在尋找著缺席的恆常性、有保證的堅實性，並且將自身認同於物，拒絕自身的虛無。在他描繪我們的主觀生活時顯現出了一種辯證性，來回移動於確認我們無限的自由以及以所謂的自欺（Bad Faith）來否認它。這個波動原來就是人類存在的

永恆結構，是沙特的形上學。

羅伯：難道我們對此一悖論的回答不在於我們沒有主張形上學衝動——即閃避有限性與短暫性的需要——作為人類條件特指的普同化核心組織主題（the universally central organizing theme）？反之，在我們的理解當中，它只是在為數眾多的個人主觀世界組織原則集合中的一個主題（one theme）。相比之下，形上學通常將其普遍化建立在獨立於人類經驗而存在的實體中——在一個永恆不變的自在之中。

喬治：與本章發展的想法有關而讓我想起一件事：關於我們如何理解語言本質的問題。什麼是語言？當文字被說出時，是什麼樣的「圖像」閃現在心智中？而這些圖像是否轉化為形上學式的絕對，凍結我們思想中用來表達與溝通彼此思想的符號？

96 羅伯：如果我們把這個問題和我們最近看到查爾斯·泰勒（Charles Taylor, 2016）在《語言動物》（_The Language Animal_）中的想法連接在一起會很有趣。他提出兩個關於語言本質的綜觀視角，即兩種瞭解語言的方式。其中一個衍生自理性主義及英國經驗主義，他描述為「框架式的」（enframing）或「指代性的」（designaive）；該語言的角色是去示意已經完全成形之世界中的物體。另一個，則是來自於德國浪漫主義，以「構成性」（constitutive）為其特徵，是指語言實際上形塑了它所要描述的世界。喬治，你會想試試看把泰勒的分析跟維根斯坦的反思連結在一起嗎？

喬治：當然，我想。所謂框架式的視角，它試圖將語言放在一個

非語言自身的架構上來說明。這樣的說明是原子論的也是化約論的。而構成性的觀點，相反來說，帶出了語言詮釋的整體，如此承認了語言對我們所經驗的世界賦予意義，卻也同時永遠無法被完全非語言的項目來解釋。

　　這是我的想法。化約論—原子論（reductive-atomistic）觀點，以與語言無關的因子與歷程來架構與解釋掉語言，可以說成是維根斯坦式的「圖像化」（picturing）語言的本質，其導向一種形上學化，從其中無復原可言。語言被化約為它本身以外其他東西，成為種種能力的其中一種、成為一群習得的反應，或說一組被用來促進人類溝通的技能。如此它就失去了做為一般思考與探問先決條件的神祕與生產性力量。在構成性的觀點下，語言被視為創造了人類思想之不可化約的可能性。我和你，便是抱持著激進構成性觀點的人。

羅伯：查爾斯‧泰勒在他討論語言的書中，看起來是比較傾向構成性觀點，但他也在科學論述領域為框架式或指代性的觀點找到位置。這樣的妥協，使我們當代的科學主義並未受到挑戰。科學主義具身化了一種隱藏的形上學，於其中物件是被科學語言標出而非構成，並被提升到奠基性的形上學實體的地位。

喬治：在完全的構成性取向下，語言不再是任何一種輪廓清楚的「東西」。語言是內在於我們共享之生活方式的普遍條件，符號功能是它的核心。一個人的主觀世界首先也是最重要的，那是一個獨一無二的符號世界，一個從一開始就充滿著語言的世界。

【第八章】現象學與形上學的實在論 98

羅伯・史托羅洛

在這一章，我們會延伸前面我與喬治・艾特伍共同寫成的章節，其中我們說明了威廉・狄爾泰（Wilhelm Dilthey）有關形上學衝動的概念是一種對人類有限性（human finitude）悲劇的逃避，而其可能性則是在於路德維希・維根斯坦（Ludwig Wittgenstein）提出之語言迷惑了智性的理解。我們主張維根斯坦所指認出的語言現象學的某些特徵，特別是投出的實際化圖像作為詞語意義，在形上學幻覺（metaphysical illusion）的創造上扮演了構成性與持續性的角色。而不同於狄爾泰將形上學衝動主要地保留在抽象的哲學系統，我們把它延伸到我們的日常生活。同時，不同於維根斯坦相信語言對智性的迷惑可以透過良好的哲學思辯克服，我們認為如此的迷惑正是無盡地對抗有限性的創傷性衝擊的一項無法抹除的特徵。

呂格爾（Ricoeur, 1977）宣稱，「對主體性的哲學辯護」──這是現象學──「正成為公民對抗暴君的唯一手段」（p. 155）。我們對形上學幻覺起源的說明提供一個理解呂格爾論點的通道。一貫地，暴政必受到某種極權主義意識形態（totalitarian ideology）的支持，而極權主義意識形態通常根植於一種形上學幻覺的框架，或是以自相矛盾的語詞稱之的形上學實在論（metaphysical realism）。

在她對極權主義的研究中，漢娜・鄂蘭（Hannah Arendt, 1951）對政治型態的本質提出了精闢的分析。她說，這些「主

義」（ism）聲稱所有的歷史事件的解釋都可以由單獨一個自明的想法或前提推論出來，例如，歷史的「進步」是透過淘汰劣等種族（納粹主義）或是腐敗階級（共產主義）。一旦建立起來，這些裝了鐵甲的邏輯系統就會有如被害妄想一般，無感於實際經驗的衝擊。此外，它們很容易演變為種族滅絕的恐怖體系，因為它們為肆無忌憚地清洗阻礙歷史進步的任何人與事並為此提供了理由。

集權主義意識形態的一種非常普遍易見的形式存在於關於邪惡的修辭中。關於邪惡之修辭的種子可以在古老的宗教意識形態中找到。這種意識形態，源起於波斯並且普遍存在於當代宗教基本教義主義中，即所謂的摩尼主義（Manichaeism）——這種思想認為，歷史運動是透過善與惡兩種形上學力量之間的永恆鬥爭來解釋的。在關於邪惡的如此修辭中，摩尼主義在政治目的下被固化：某一團體聲稱自己是善的力量的化身，而對立的團體則是惡的力量的化身。藉著這種本質為民族主義或種族主意的歸因，某一個人的政治目的就被合理化為服務於良善的力量。

呂格爾指稱的「對主體性的哲學辯護」對我來說就是現象學。正如同喬治·艾特伍和我在先前的一章中所呈現的，現象學在語言上的探索能夠很有效地解構形上學幻覺，包括那些支持極權主義意識形態的形上學幻覺。例如，海德格（Heidegger, 1927）所進行的對於存有意義的現象學探究，就關聯到一種把存有視為某種形上學實體之傳統本體論概念的「破壞」（destruction）（p. 44）。

不同於視形上學本質固有於實體自身，海德格以實體如何以其是地為我們所通達（intelligible）或理解，來構想其存有

（Being）。因此，實體的存有有賴於人類理解——點亮其可通達性的「澄明」（clearing）。海德格提出，因為我們這種存有者之存有的構成，在於一種對我們自身存有尚未明言、前哲學的理解，我們人也因此得以透過探索我們對那種存有之理解（以及無所理解），來探索我們這種存有者的存有樣態。據此，他的探索方法是一種現象學方法，目的在澄清我們理解自身存有的基本結構：「只有作為現象學，本體論才能成為可能」（p. 60）。在此表述中，形上學實體與本質讓位給現象學對事物實體，包括我們自己，如何獲得可通達性的探究與揭示。

在《存有與時間》付梓不久，海德格就將其焦點從實體的存有轉向到了存有自身，這句話似乎在告訴我們他的形上學轉向。也的確，受到詩人賀德林（Holderlin）的啟發而被引領到一種精神性的覺醒，海德格認為存有有如一種神聖力或能量，被「發送」給適切地接收到的人類（Heidegger, 1968）。近年來，海德格學圈的成員間一直在爭論著，到底後期海德格是持續努力於現象學的探究，還是轉向了一種形上學實在論的形式。爭論的癥結在於「存有本身」（Being）是否仍然有賴於人這種存在者（the human being）（現象學），還是獨立於經驗著存有的人類（human beings）之外（形上學實在論）。多年來，爭論兩方的支持者都從海德格的原始文本中得到似乎可信的支持。我們或許可以這樣結論，這個爭論反映了海德格他自己在這兩個互斥概念上的衝突，一個奠基於他自己經驗世界的衝突。

但是無可否認的是，在一個脈絡中海德格轉向了形上學實在論，那就是他接受了納粹的意識形態。海德格版本的納粹主義反映了他自己對於存有的夢想，他似乎將納粹在德國的執政經驗為 99

存有自身的湧現，是從歷史實在中綻放而出。他設想了存有歷史的「第二次開端」（第一次是在古希臘），於其中他自己將是一位精神領袖。正如在海德格對存有自身的「轉向」中所看到的，形上學實在論的形式既可以支撐破壞性的意識形態，也可以支撐鼓舞人性的精神信仰。

集體創傷與復活的意識形態

回到呂格爾的觀點，現象學要怎麼樣才能讓人們從這樣的形上學幻覺中解放？在我和喬治・艾特伍以及唐娜・歐蘭治（Donna Orange）所共筆的章節中（Stolorow, 2011, Chapter 9），我們認為，對海德格來說，納粹主義就是我們稱為復活的意識形態（resurrective ideology）的例子，其目的是恢復被連續的創傷性事件所破壞之能動的自我（agentic selfhood）。在社會政治層面上，從集體創傷中甦醒而形成的破壞性意識形態有著相似的修復性目的，例如在二〇〇一年九月十一日於世界貿易中心恐怖攻擊事件之後，摩尼主義言論開始崛起（Stolorow, 2009）；該事件在美國人的心靈織錦上造成破洞的毀滅性集體創傷（Lear, 2006, p. 65）。

在恐怖地展現了美國竟可以在自己的國土上被襲擊後，九一一攻擊粉碎了我們對於安全、不可侵犯與所向披靡的集體幻想、那已經深植於美國人的歷史認同裡的幻想。從這樣的破碎甦醒，美國人變得更容易被保證著可以恢復已然失落之偉大幻覺的復活意識形態所感染。正是在集體創傷與復活意識形態的背景之下，美國人變成布希政府濫用權力的犧牲品。在九一一事件後，

布希政府不止追捕蓋達組織（Al Qaeda），他們還煽動並利用再次創傷的恐懼，向全球恐怖主義宣戰，將美國帶入偉大的聖戰，讓美國人從創傷中解脫，並「集體沐浴這樣的信念中，我們是主所召喚的，為世界除惡，在這蒙受福恩的山丘之城」（Davis, 2006, p. xiv）。布希基本上這麼說：

> 你們沒有被摧毀也沒有被碾碎。你們不像世界上其他的人一樣，是極其脆弱的人類，容易受到攻擊、毀滅、死亡和損失。你們仍然偉大、強大、像神一樣，我們將一起把我們的生活方式帶到地球上的每一個國家。

　　悲劇的是，每一次去落實這樣意識形態幻覺的努力，都會對我們所攻擊的人造成集體創傷，而他們會以更強的復活意識形態 100 來回應。如此的創傷性崩毀與意識形態復活對立辯證，助長了可悲、無止盡的暴行與反暴行迴圈，而這一直是人類歷史的特徵。戴維斯（Davis, 2006）建議我們若要以歷史為鑑，我們必然要有能力活在集體創傷的經驗中，而不是以誇大來逃避它們。關於九一一事件我想補充一點的是，我們必須要能夠悲傷，不只是為死者，也要為我們所遺失的幻想與天真而悲傷。但是，要如何才能做到呢？

替代：在相同黑暗中的手足

　　為了尋找復活意識形態的替代出路，我回到了情緒創傷的脈絡鑲嵌性（context-embeddedness）主題，並特別強調，當情緒

167

創傷找到了能抱持它的「關係之家」時，情緒創傷可以被逐漸整合。使尋得如此關係之家成為可能的是什麼？

我曾經主張（Stolorow, 2007），正如同死亡與失落的有限性與脆弱性是我們存在性構成的基礎一樣，我們的存在性構成也有著共同的有限性所給予的，如「在相同黑夜的手足」般的彼此相遇、彼此深深連結。因此，儘管情緒創傷的可能性會永遠存在，但形成深度情緒共鳴的聯繫可能性也會永遠存在，毀滅性的情緒痛苦也就得以被抱持、變得更能承受、並在最終有希望整合。我們存在性的「在相同黑暗中的親屬關係」（kinship-in-the-same-darkness）同時是情緒創傷的深刻脈絡性與人類理解所具有的轉變力量等兩者可能性的條件。

設想一個社會，在其中，情緒痛苦被承認是來自人之有限性對自身所產生的創傷衝擊，而相應地為他人提供「關係之家」的義務成為共享的倫理原則。在如此的社會之中，人類會更能夠活在他們存在性的脆弱、焦慮以及悲傷中，乃至於不需要如前所討論的，轉向防衛性與破壞性的逃避。在這樣的社會脈絡，一個奠基於擁有而非掩蓋我們自身存在脆弱性的、新的認同樣態將成為可能。脆弱性，在找到款待的「關係之家」後，能夠無縫且構成性地整合到我們所經驗到的自身之所是。一個新型態的人類團結也將可能；它將是植基於承認與尊重我們共同的人類有限性，而不是植基於為了復甦的誇大願景。如果我們能夠幫助彼此一起承受黑暗而不是去逃避它，或許有一天我們將看見光明。

現象學的探問如何能鬆動對「復活性意識形態」幻覺的緊握呢？它可以做到是透過幫助人們理解如此緊握底下的創傷，不論是個別的或集體的，並能夠棲居其中，就能從而提供一個對

話的家給情緒災難，使它可以被抱持與被更好地承受（Stolorow, 2016），同時也不再需要逃避性的復活意識形態幻覺。如果就 101 像布拉佛（Braver, 2012）所調侃的，「現象學讓形上學家可以療癒他們自己」（p. 31），也許現象學也可以對持有意識形態的人們，給出類似的療癒。

對話

喬治：在閱讀你有關形上學實在論和對邪惡概念的想法時，我想到了我自己對於邪惡現象學的思考。人們看著邪惡時不要把它視為一個事物（a thing），無論是不是形上學的，而是把它視為一種經驗，一種每個人都有可能是的經驗。邪惡經驗的本質是什麼？那會是我們感覺到我們面前的某人或某物對我們所珍視的一切存在，形成無情而絕對的威脅。這是一種絕對惡意的經驗，在這經驗中，人覺察到一個人或一個團體窮盡其力破壞我們最深愛和珍惜的事物：我們自己、我們的孩子、我們的信仰、我們居住的世界。當一個人察覺到這種威脅的存在時，他或她就被投入面對邪惡的經驗之中。

羅伯：採用現象學的角度聚焦於邪惡，是開始去探索那特殊的脈絡，於其中，邪惡作為一種經驗出現了並且被放大。舉例來說，在大屠殺（Holocaust）的去人性化暴行脈絡中，漢娜・鄂蘭看到了「根本邪惡」——把人之所以為人的特徵剝除殆盡。

喬治：在現象學的考量下，邪惡是一種被感受或被覺知的經

驗，而不會被認定為一個客觀存在的實體。我們看到惡
魔在眼前，我們可以問：出現這樣的知覺是有著什麼
樣的條件與脈絡。這是一個實徵─現象學的（empirical-
phenomenological）問題，要以探究人類具體生活經驗來
回答。我一位在羅格斯大學教授哲學的好朋友布魯斯·
沃謝爾（Bruce Wilshire, 2004）寫了一本有關種族屠殺的
書，書名是《把他們給我找出來！全部殺光！》（*Get 'Em
All, Kill 'Em!*），裡頭討論了有關邪惡的事情，而他認為
種族屠殺會發生，是因為某一個群體開始把另一個群體
經驗為可怕的威脅，威脅到他稱之為「經驗到的世界」
（world-experienced），即前者群體成員所生活的文化熟
悉世界。他這本書對邪惡現象學及理解邪惡經驗如何流動
成形很有貢獻。當人們面對邪惡時，他們會不顧一切地做
出可怕的事情來阻止它、消滅它，從而移除對經驗到的世
界的威脅。

羅伯：去攻擊一個被覺知為邪惡的個人或團體，這樣的攻擊本身
可能會製造一個脈絡，引出在毀滅性的同步與相互影響下
之相應的邪惡經驗。

喬治：是的。好幾年前，在我兒子克里斯多夫十五歲的時候
我有了一個跟這個討論有關的想法。我們談的是撒旦
（Satanic）而不是邪惡，不過抵達了同樣的結論：「認定
出撒旦的想法本身就是撒旦。」[1]

羅伯：我看到了這樣想法的自我指涉與弔詭之處在於，在認定撒

102

1 　譯註：此處英文原句為：The idea that one has identified the Satanic is itself the Satanic.

且之時，這認定本身就成為一個撒旦的例子。

喬治：這裡的想法是，當一個人面對邪惡時，作為一種經驗，唯一有意義的回應、「唯一」能做的，只能盡全力去摧毀它。既然它會摧毀你，所以先毀了它！我兒子和我的想法招來這想法自身的崩毀。在我們的主體性位置，我們以起身反對、威嚇與攻擊來回應那些體現出邪惡的人，這也就無可避免地在這些人的經驗中形成一種感覺：我們自己就是邪惡的化身。於是反擊發生，涉入的人們墜入了死亡的漩渦。對一方絕對的定罪激發了另一方絕對的反定罪，而除了毀滅一方或雙方，沒有麼可以阻止這場衝突。我兒子和我希望我們的想法可以是一個遠離邪惡概念，遠離撒旦概念的警告，因為一個人只要啟動了這個概念，所有上述討論的事就會接踵而來。想想喬治・布希使用的語詞「邪惡軸心」（Axis of Evil），被那些受到意指的人聽來就是致命的語詞，同時也會被聽成是來自可怕撒旦之口的語詞。政治論述與心理學都應該禁止把邪惡視為形上學實在的想法。但是我們需要理解它是我們之中一些人有的經驗，是我們所有人都有可能是的經驗。因此，在現象學的意涵裡，邪惡被視為一種特別的心理災難（psychological catastrophe），是屬於涉及自我毀滅之極端範圍的主體事件。

羅伯：我們理解，形上學實在論一般是起源於我們自身有限性所造成的受苦。也就是我們對自己與世界的經驗，實是鑲嵌於難以承受的須臾變動人生脈絡之中。鑑於這樣的實在論無所不在，或許我們應該問問，是否這個思想的蹤跡再次

出現在我們的哲學與心理學的構想中。

喬治：是的，形上學衝動的概念本身是形上學的嗎？如果我們說
的是有一種普遍的衝動讓我們去發現或揭露那不受移動的
移動者、所有基礎的堅實基礎，以及無限系列的烏龜疊於
其上的最終那隻世界烏龜，是否這樣的構想自身就提供了
如此的基礎，從而構成它自身的一個例子呢？

羅伯：形上學衝動的想法並沒有被勾勒為某種堅實可觸而有形的
事物，但它至少是往無所不在的方向傾斜。因此，我們可
以這樣問：形上學衝動的理論是否正在成為我們的後設心
理學？我們對這個問題的回答是去看到屬於這個概念及構
成它普遍化的脈絡。一開始我們為什麼需要擁抱這個概
念？我們為什麼需要在人類生活中暴露或者建立其無所不
在的性質呢？

喬治：如果我們假設在人類本質的核心中存有形上學的衝動，我
們就會抵達我們自身存在不變的核心，即去找到不變核心
的需求。這有點像佛教的偈語，它告訴我們人類存在中的
一件且唯一一件「常事」即是無常。我們注意到，當佛教
徒這樣說的時候，他們會笑了又笑，用銀鈴般的陣陣笑
聲，而且他們會沉浸於如此沉思所帶來的愉悅。這樣的沉
思似乎將他們帶離世事中無能掌握並無可改變的無助壓
迫，並將他們從受害的環境中解放出來；但它也給他們一
種可掌握的「常」，去擁抱一種形上學的興奮但在肯定的
同時卻又否定它自己。我們是否也對著我們的想法大笑？
我們是否相似地感到驚悚興奮？

羅伯：我想我既不笑也不驚，喬治，但是我想我看到了你正在努

103

力面對之問題的根源。它隱含在你正使用的語言之中：「不變的核心」位於「人類本質的核心」，這樣的短語指向了形上學實體與本質。但是，一個經驗，即便這是一個形上學衝動的經驗，無法「既是」被定義為獨立於脈絡的形上學實體或本質，「又是」脈絡性地構成，如同對形上學衝動的主張。

　　我們朝向形上學衝動概念所聚合的無數構成性脈絡是什麼？或許，如果每當我們看到形上學幻覺都能夠隨處揭露它，我們就能夠在同樣的黑暗中創造一個有手足的世界，並且我們都能夠一起棲居於人類有限性帶來的悲劇及其各種顯現：疾病、脆弱、失敗、死亡與創傷的失落等等。為了棲居於這樣的有限性所帶來的受苦，我所能看到對有限性受苦的唯一解決方法，是透過我們彼此間建立的愛的聯結鬆動它所必然帶來的衝擊。當然，這方法離完美還很遙遠。

【第九章】現象學脈絡論和知的有限性 105

羅伯・史托羅洛

> 只有一種觀點的看，只有一種觀點的「知」；我們
> 允許越多的影響來對一件事發言，使用著越多不同的
> 眼睛來觀察一件事，我們對這件事的「概念」、我們的
> 「客觀性」就會越完整。
>
> ——尼采（Friedrich Nietzsche, 1887, p. 555）

> 我們無法環顧看盡我們自己的角落……我們是……
> 可笑的自大，如果在我們的角落裡規定只允許這個角落
> 的觀點。
>
> ——尼采（Friedrich Nietzsche, 1882, p. 374）

在本章，我要由上面兩段尼采的引文來為知的有限性（finitude of knowing）的認識論立場提供基礎。

在第一段引文中，尼采（1887）確立自己為高明的現象學家，指出形塑我們知覺與理解的前反思結構（prereflective structures），也就是觀點（perspective）。這個結構也是海德格（Heidegger, 1927）在駁斥他的老師胡賽爾（Husserl）有關「無預設探問」（presuppositionless inquiry）的主張時所稱的：「理解的前結構（forestructure of understanding）和詮釋的宛若結構（as-structure of interpretation）」。正如尼采（1882）的狂人宣告中上帝已死，上帝之眼也隨之滅絕。用另外的隱喻來表達即

是「完美的知覺」（immaculate perception）並不存在（Nietzsche, 1892, p. 233）。由於所有知覺與理解都是透過觀點，尼采於是宣稱，真理只能透過對話、在不同眼睛所見與不同詮釋者間的互動下逐漸成形。也正如布拉佛（Braver, 2007）所恰如其份地點出的，尼采提供了「一個非形上學的方法解讀（知覺上的）混亂，也就是世界可以無限地貼合於各種相異的詮釋……」（p. 158）。

在第二段的引文中，其與第一段息息相關，尼采確立自己為同樣高明的脈絡論者，聲稱我們詮釋的觀點必然鑲嵌於世界的角106 落之中，即鑲嵌於脈絡，由此脈絡我們的所見與理解得以構成。並且，他進一步說，這世上並不存在著比其他角落更優越的特權角落。如此，尼采的現象學脈絡論之必要，帶出了認識論上的謙卑態度。[1]

海德格的學生伽達默（Gadamer）提出了令人吃驚的說法：「真正影響海德格的先行者並不是狄爾泰也不是胡賽爾，……而是**尼采**（Gadamer，1975，p. 257，粗體是原書中的標註）」。至少單從海德格思想名之為現象學脈絡論的角度來看，這樣的說法是有道理的。尼采的觀點論在海德格之前引路，而伽達默於其後追隨。

對伽達默（Gadamer, 1975）來說的公理是這樣的命題：所有的理解皆涉及詮釋。反過來說，「詮釋」（interpretation）只可能來自鑲嵌於詮釋者自身傳統歷史母體的一個觀點。因此「理

1　原註：在與我們合作期間，唐娜・奧蘭治（Donna Orange）借鑒了皮爾斯（Peirce, 1931-1935）所提出的缺陷論（fallibilism），對充實臨床處境中的認識論謙卑態度有著重大的貢獻。

解」也永遠只會來自一個觀點，其視野受限於詮釋者之先見的歷史性，即受限於伽達默稱為「偏見」（prejudice）的前意義（fore-meaning）的組織。伽達默以一個人類學問題，也就是研究者如何理解與自身文化不可通約的異文化，如理解不同的社會生活形式與不同的經驗視域等，來展示他的詮釋學哲學。他也把詮釋學哲學應用在互為主體的對話現象——與另一個人「達成理解的歷程」（a process of coming to an understanding），而這與精神分析有著巨大的相關性。

根據伽達默，讓理解在一個對話中得到最大擴展可能的「詮釋學的態度」（hermeneutic attitude）由兩部分組成。第一，每一個對話者都需要知道他或她的理解被自己的諸多偏見所圍限。這些偏見雖無法被抹除，但它們對理解所造成限制是可以被認知與承認的。第二，對異己者完整價值的承認，也就是「每個人朝向他者敞開心扉，並真正地接受他者觀點的有效性」（p. 385）。理解的拓展發生於「視域融合」（horizontal fusion）（p. 388），於其中每一個觀點都會被其他觀點擴大。因此，從「在真誠的對話中，有一些事會浮現出來，那並不由對話的任一方所控制。」（p. 462）在伽達默的現象學脈絡論視野中，真理與理解是相互對話的，是由不同方式組織起來的經驗世界之間的交相互動所構成。

所以我們不會訝異，到目前為止我們所討論的哲學，如互為主體系統理論（intersubjective–systems theory），此即我與我的伙伴們（Stolorow, Atwood, and Orange, 2002）所提出的後笛卡兒精神分析架構，也是現象學脈絡論觀點。它的現象學屬性在於它探索與澄清情緒經驗世界及其組織結構。它的脈絡論屬性在於它主

張，在發展上與精神分析處境中，這些結構形成於構成性的互
為主體脈絡。在發展上，在發展系統中重覆發生的互為主體互
動模式，產生了無意識組織接續情緒與關係經驗的原則（主題模
式、意義結構、宛若結構、偏見等等）。如同我在先前的一章所
說的，如此的組織原則是無意識的，不是在被壓抑的意義上，而
是在於前反思的（pre-reflective）意義上；它們通常不會進入反
思的自我覺察領域。這些互為主體間衍生的、前反思的組織性原
則，是人格發展的基石，其整體構成了一個人的個性。它們在精
神分析情境裡以移情（transference）的形式出現，也就是互為主
體系統理論之概念化下的無意識組織活動。病人移情經驗的構成
來自兩部分，一是病人前反思的組織原則，另一則是分析師提供
出的素材經它們組織後的結果。我們也可以對分析師的移情做出
同樣的描述。由病人的移情與分析師的移情交互運作所形成的心
理領域，是我們稱之為**互為主體系統**（intersubjective system）的
例子，這是個能夠達到驚人複雜程度的系統。

　　我們已經發現區分出移情的兩項廣泛向度，或說區分出組織
原則的兩種廣泛階層，在臨床上是有效的。第一個是**發展向度**
（developmental dimension），病人渴望分析師成為促進發展但卻
在成長歲月中被取消、失落或遺失之情緒經驗的來源。另外一個
向度是**重複向度**（repetitive dimension），在與分析師一起時，病
人預期、恐懼或經驗到早期情緒創傷的重複。這兩個廣泛向度之
中的任何一個，都能夠依據不同的發展時期以及與不同照顧者相
處的經驗，而進一步切分出多層次的子向度。種種向度在病人情
緒經驗的背景與前景間轉換，通常是快速而無法預測，端看分析
師之行動或品質的意義而定。追蹤這些實是對互為主體場域中發

生事件之因應的前景—背景轉換，可以為混亂與無法理解的治療情境帶來可理解性。

　　然而，這好像還不夠複雜！同樣的描述也適用於分析師的移情——根據病人的行動或品質對分析師的意義，在分析師經驗的背景與前景之間的多重向度擺盪。然後我們就會有一個複雜系統的圖像，形成於兩個流動擺盪的情緒世界間的交互作用與相互影響。所有的情緒世界的互動都是對互為主體領域裡所發生之事件意義的回應。正如我喜歡說的，在這個領域中，任何想追尋笛卡兒式清晰與必真確然性的人，都來錯地方了！

　　從臨床角度來看，我們預先認識到我們決策結果的能力是有限的，而這對許多人來說尤其困擾。對那些孤苦無依地成長於童年情緒創傷處境裡，並且轉向自己心智活動以作為保護感與安全感唯一來源的人來說，這種有限所造成的困擾特別嚴重。對他們來說，提早掌握所有情況至關重要，而對這樣做的能力上限制是他或她所厭惡的，從而導致難以承受的焦慮以及強迫性反芻、懷疑與優柔寡斷的傾向。在治療情境中，一個被情緒創傷之遺緒所折磨的人需要在治療的連結中找到保護感與安全感的來源。在如此而連同情緒得以被理解的「關係之家」脈絡，不確定性所帶來之難以承受的存在焦慮才能夠去面對。

　　在過去古典分析的時代，分析師被假設能夠中立而客觀地將病人的移情經驗詮釋為對分析師直接知曉之現實的扭曲。這種認識論上的傲慢完全不適合於複雜的互為主體系統，因為病人與分析師的組織原則對這系統都有貢獻。於此，我們可以發現尼采、海德格，以及伽達默他們所主張之詮釋學態度的巨大價值。當面對如此的繁複且自身牽連其中，承認並尊重知的有限性的認識論

108

謙卑是必要的。

對話

喬治：我喜歡你上面所說的全部，羅伯，但是還是有一些東
西讓我覺得困擾，尤其是尼采的所謂「觀點主義」
（perspectivism），你似乎沒有聚焦於此。我試著用提問
的方式來表達我的問題：當尼采聲稱我們所經驗之世界的
意義詮釋都是觀點性的，他所持的觀點或視角的本質是什
麼？他既然描述的是「所有」的人類詮釋，那他是不是也
暗示著他自己擁有了觀照普遍真理的上帝之眼呢？

　　讓我覺得困擾的，有一點像我在思考查爾斯‧桑德
斯‧皮爾斯（Charles Sanders Peirce, 1931-1935）所謂的實
用主義（pragmatism）中的缺陷論（fallibilism）。這位哲
學家認為我們所有的理論、信念以及所有的想法都是缺陷
的，因此我們永遠都要「輕輕地把握」（held lightly）。
皮爾斯反對教條式確定性的所有形式與變化。但是，他是
怎麼認定我們就該輕輕把握所有的信念呢？他是不是也輕
輕地把握著他的信念？我想答案是否定的，因為他把這個
信念作為一個教條。我發現，這樣的不一致與不連貫讓我
覺得困擾。

羅伯：喬治，我完全同意，尼采對於觀點主義的說法（或皮爾斯
對於缺陷論的思考）必須也反身地應用到自己身上，也就
是說，觀點主義的宣稱本身就是一種觀點。但為什麼這必
須意味著觀照真理的上帝之眼呢？對我來說，這呼籲著一

種避免上帝之眼的認識論謙卑。

喬治：尼采自己就是一個分裂且自相矛盾的人，他的觀點主義必然反映他自己的不統一。他將人類生活之世界的所有詮釋都視為詮釋者所佔據之特定世界角落之影響下的表達。乍看之下，這樣的信條顯示了足以稱道的謙卑，提醒我們作為觀察者與思考者的有限性。但是，當這觀點想法審視著廣大之可想像觀點的領域時，它會怎麼看它自己呢？尼采的想法中是否隱藏著一種絕對主義，一個關於詮釋本身之核心與普遍本質的上帝視角，一個關照著一系列無意識限制性「角落」所組成之人類處境的上帝視角，同時這些「角落」被它們的佔用者不謙遜地假設為普遍有效的？當他提出這樣的論點時，尼采是否就悄悄地把他自己的智力視為有能力去超越人類普遍陷於「角落」這一假定事實？

羅伯：如果這個問題的答案是肯定的，那「角落」這個概念可能會在他的敘事結構之中顯示為形上學的絕對。然而，我想要補充一點，儘管有著把「人類經驗由『角落』所構成」的隱喻實際化的傾向，就像你說的，喬治，我們可以透過闡明它的構成脈絡以避免這個想法的形上學化（metaphysicalization）。尼采的觀點主義本身也是另一個觀點，由他自己的獨特主體性所落身的「角落」所構成，也如你之前提到的，尼采的個人世界有著至深的衝突與不統一。

喬治：或許在關於人類本質與人類處境的概念發展中，總是存在著形上學化的趨勢。雖然我們永遠無法擺脫這樣的趨勢，但是我們可以去追求激進的觀點論與脈絡論，將反思的自

109

我覺察作為一個永遠不斷進展的工作。

羅伯：是的，在先前的一章我們曾經探討人類如何使用語言現象學的某些特徵去創造可以讓人定心的形上學幻覺，從而閃避人類有限性的某些向度所帶來的創傷性影響。在我們早先的對話中（Atwood and Stolorow, 2012），我們將我們的一些理論想法的構成性「角落」定位於我們各自創傷歷史中的某些部分。例如，我強調過，我的父親是一個認識論暴君，一個自以為無所不知的人。當我們的觀點分歧，到最後他的觀點總是對的與有效的那一個。雖然他讓我與他爭辯，有時還很激烈，但他從來沒有承認我眼中所看到的真實與有效性。毫不意外，我踏上征途與精神分析中的認識論暴政對戰已經了超過二十年（參見 Stolorow，1997a）。我喜歡尼采的觀點主義，因為它具有的解放力量讓我們平衡認識論的遊戲場，所以，如果他想將其絕對化與普遍化，那就這樣吧！

　　我想我傾向於將「構成性的互為主體脈絡」（constitutive intersubjective context）的概念形上學化是因為，做為一個形上學的實體，這樣的脈絡提供了永恆的保護以對抗認識論上的暴政。當面對精神分析中自以為無所不知者的宣稱時，我可以透過引用構成性脈絡的概念這麼回應，「嗯，視情況而定！」（幾年前一個學生給了我印著這句話的 T 恤）。我曾有一次（只有一次）試著將互為主體系統的想法與非線性系統理論的科學典範融合起來（Stolorow, 1997b），這需要將脈絡的想法實際化與形上學化。喂！兄弟你那時為什麼不阻止我？

110

你自己的個人歷史是怎麼影響我們現在的爭議呢？我懷疑可能與創傷性的失落與失效有一點點關連。

喬治：在這裡，我們不同的地方在於，我感覺到當尼采在談他的觀點主義時，似乎隱藏著形上學的絕對觀點，但你一開始並不認同，羅伯。這種隱藏的絕對事物讓我抓狂，我發現我總是想要去把它找出來，讓它可以被光照清楚。更糟的是，我擔心我們互為主體的脈絡論很可能已經被這樣隱藏的形上學所污染，因為我們都深受尼采哲學的影響。我所回應的危險，不是因為我們的想法中有形上學，而是它可能在裡頭，而我們卻毫不知情。

恐懼於未被識別的無意識形上學絕對事物和我在這世界上的獨特「角落」有什麼關係呢？我覺得可能是因為我還是個男孩的時候，在悲劇性地失去我的母親的脈絡下，我經歷了一連串的謊言。從小，我被灌輸了一個信念，那就是母親永遠會在孩子的身邊；母親不會死。這是第一個謊言，第二個是，當我母親因為不明頭痛突然住院時，家人的朋友一再向我保證，她很快就會好也很快可以回家。這是第二個謊言。第三，當我們教會的牧師告訴我母親去世時，他說我將來還會見到她，但必須等到我和她一樣上天堂。我試著要相信，但是我始終無法確定天堂是否真實存在。因此這是第三個謊言。第四個也是最後一個謊言，是我對我自己說的。我再一次變成了我的母親（就像四歲的尼采變成了他失去的父親一樣，詳見 Atwood、Stolorow 和 Orange，2011），藉著認同她以及採納一個以如同母愛般關懷他人為核心的個人認同，來取消破碎的失落。在這

個認同的過程，我曾是的那個男孩逐漸退去，幾乎完全消失。

　　每一個謊言都是一種形上學的欺瞞，化死亡的宰制於虛無，並且否認了失落所代表的終結與無可避免，因此可以用來拒絕並否定我所經歷的毀滅性情緒痛苦。透過努力地揭露可能隱藏在不同哲學家與理論學家思想中的絕對事物，當然這也包括了我自己與羅伯·史托羅洛的思想，一種免於被欺瞞的保護感被微弱地達成。我對隱藏的形上學幻覺的厭惡帶有我的決心、不要再被如此欺騙與否定的決心。再也不要。

喬治
羅伯：我們在合作過程中被引導而獲得的一個基本想法是，互為主體的場域被瞭解為以不同原則組織起來之主體世界間互動的系統。這個想法象徵地鏡映了我們兩人的互動過程，而正是這一過程促成此一想法的誕生，我們將其描述為具有以下的個人資源與意涵：

（這個想法）普遍化且永恆化關聯性（relatedness）自身，取消我們生命中那些破壞了情緒性重要聯繫並導致我們感受被遺棄與孤立的毀滅性事件所帶來的創傷影響⋯⋯。這樣特別的視野，將互為主體場域理解為以不同原則組織起來之主體世界間互動的系統；在我們的理論核心中，銘記著一種關係模式的希望，在這樣的關係模式中，認識論暴政的消除會被抵消，而個人世界的獨特結構可以被尊重與保留。（Atwood and Stolorow, p. 127）

　　而我們的想法引領我們抵達的認識論謙卑包含了承諾去探索與理解庇護性形上學幻覺，無論它們是出現在他人的或我們自己的思想之中。這種態度並沒有提供任何安慰感或任何堅實的立足之處，反而是一件令人哭號之事，讓我們赤裸著淌血，直面著人類有限存在的脆弱與永恆的無常。然而，它也承諾了不斷深化的自我反思之旅。

【第十章】行走在情緒棲居的鋼索上 113

　　這篇文章試圖描述一種積極的、關係涉入的治療行動形式，我們稱之為情緒棲居（emotional dwelling）。此一行動模式的特徵可以透過對比於包括佛洛伊德、費倫齊、蘇利文和寇哈特等人理論觀點中的相應論述而指認出來。情緒棲居的核心是治療師能夠進入病人現實但同時也能守住自身現實的能力。

　　我們其中一人（Stolorow, 2014）最近提出了一些朝向這種關係涉入式行為（relationally engaged comportment）的表述。在棲居時，一個人並不只是嘗試從另一個人的角度理解其情緒世界。這是要做的，但還有更多。在棲居時，核心是追求我們專業的兩個目標，即舒緩心理創傷以及探索人類本質和存在經驗。此時，我們靠近並參與另一個人的生命經驗，並求助於自己可相類比的經驗。在此，我們想要對照其他觀點，以進一步地辨識這樣的行為模式。

物化

　　情緒棲居的反題是治療師的物化態度。這種態度最極端的形式可以在粗糙的唯物主義（materialism）和行為主義（behaviorism）中看到，其中人作為經驗主體的完整概念被完全抹除。但任何將所研究之經驗去脈絡化都是將其物化。例如，精神醫學診斷將病人主觀生活內容和形式歸屬於內在於笛卡兒式孤

立心智的特定疾患。相類似地，精神分析中的人格類型（如自戀型人格、強迫型人格、分裂型人格等），把一個人從其關係周遭
114 孤立出來，從而只關注表現出來的經驗和行為模式。甚至，互為主體系統理論的概念也能夠以物化的態度應用，例如，主體生活的模式過程被去脈絡化地歸類為在心智中運作的組織原則。

對比之下，情緒棲居肯認所有經驗在構成性互為主體脈絡中的鑲嵌性，包括棲居行動本身中所創造的經驗。我們因此被引導到這樣的看法：精神病理學不再被構想為位於一個個孤立個人的內在，並被化約為一系列不同的精神疾病。反而，診斷的任務將轉變為去識別在複雜的互為主體系統中不斷重複發生的困擾或失衡模式。於是那些先前被實際化之精神疾病類別症狀的，或作為精神分析之去脈絡化人格類型表現的經驗與行為特徵，就可以被理解為無法從病人與他人之間多樣的關係領域分離出去；其中的他人也包括了正臨場觀察的臨床工作者。

均勻地盤旋著的注意力

佛洛依德（1912）對精神分析臨床工作者的一個著名建議是「均勻地盤旋著的注意力」的態度。他的想法是，分析師對病人經驗流動的敏感度透過漂浮開放的關注而極大化；分析師同時不被先入為主的意識和目標想法阻礙。他還提出，這種對病人自由聯想不刻意引導的跟隨，會讓想法與直覺從分析師自身的無意識心靈活動中浮現，對臨床材料中隱藏的意義提供自發的洞察。

情緒棲居也渴望著對病人世界的開放態度，其不會去假設裡頭是否有著特定內容或任何的心理主題。然而，這種開放的態度

並不是擱置先入之見，而是尋找互為主體間有所共鳴的區域。分析師對病人感受處境的理解取決於一種能力，從他或她自己的個人宇宙、情緒場景，以及與正在探索之病人經驗平行的時刻中，找到相類比的經驗。把這相應的領域帶入反思覺察，讓分析師對病人主觀生活的參與如同靈犀相通之人。

參與觀察

蘇利文（Sullivan, 1953）在其工作中認識到，並沒有可供精神醫學知識奠基的全然客觀事實。相反地，他認為精神科工作的科學性資料是透過「參與觀察」的過程收集而得。觀察的工具是心理治療師這個人。心理治療師透過與他或她的病人交流，將他們來來往往互動中所顯示的現象記錄下來。

蘇利文的想法中有一種客觀性與主觀性之間的張力，將他的 115
瞭解與情緒棲居的瞭解顯著地分別開來。這張力的一個跡象就顯現在「參與觀察」的概念本身。實際上這是一個自相矛盾之詞。「觀察」這個詞意味著超然的客觀性，而「參與」這個詞則強調了互動中高度的個人屬性，以及觀察者與觀察對象之間距離的取消。蘇利文理論中關於「張力」的第二個跡象是與參與觀察緊密相連的一個想法，也就是並列的扭曲（parataxic distortion）概念。為了保護受到威脅的安全感，病人扭曲了外在現實，因此蘇利文的治療目標之一，是將病人從這種扭曲中解放出來，進而提高他或她對世界知覺的客觀性和準確性。對比之下，情緒棲居想著的是去理解主觀的真實（齊克果）而不是客觀事實。在棲居中，我們不去糾正病人的經驗，對外在現實也無任何假設。雖然

病人的觀點經常與分析師不同，有時差異是天南地北，但這種差異被承受、不去評斷誰的現實才是正確。反而，分析師要找到立足點，從而能夠讓病人的知覺與詮釋顯示出它們自己內在的一致性和有效性。

成為病人

在一場討論遭到創傷性虐待而有靈魂謀殺（soul murder）經驗之病人的精神分析治療時，桑多爾·費倫齊（Sandor Ferenczi, 1932）說：

> 這是分析師無法迴避的任務：⋯⋯他將不得不親手
> 重複先前病人所經歷的謀殺動作。然而，與原兇不同的
> 是，他不被允許否認自身的罪行。（p. 58）

他認為分析師必須完全置身於病人的個人世界，感同身受般地體驗受苦。費倫齊沒有採用由「遠離經驗的理論觀念」（experience-distant theoretical ideas）所引導的心理治療過程，而是鼓勵他的同行開放自己以讓自己成為病人，從「心」經歷在分析關係中被激發復活的創傷經驗。

分析師加入病人的現實、接受卻不是否認他的罪行時，可能會被拋入無法承受的痛苦之中。費倫齊沒有提供多少指導，告訴我們該如何度過這種必然之苦。一個人行走在鋼索之上，他會從這一邊或另一邊掉下來。如果我們掉落之處是全然認同病人的現實，我們就會被指控並被譴責為殺人罪犯，侵蝕了我們對身為治

療師的信念。如果我們掉落在保護我們自我認同感的一邊——也
許我們會將病人的毀滅經驗視為傳統上所謂的移情扭曲所造成的
後果，而我們的感受其實是病人「投射性認同」的產物——我們　116
得獲證無罪！但是結果卻是無效化病人的感受，並讓他們又再一
次完全地經驗原初的創傷。而情緒棲居的概念告訴我們，這個兩
難問題的答案就是「待在繩索上」，並且同時好好掌握兩個迥異
的現實，而這極其困難。在臨床的實踐工作上，就是會先跌落一
邊，然後再跌落在另一邊，就這樣反反覆覆。沿著能夠發現的通
向情緒整合的唯一道路，這個困難的擺盪無法避免。

共情的沉浸

　　笛卡兒主義裡孤立心智的教條其實已經瀰漫進入了治療的
共情觀念。這樣的教條將人的主觀世界分為外部和內部區域，
實際化與絕對化兩者的間隙，把心智描繪為形上學的實體，和
其他物件一樣佔有著一席之地，如一個會「思考的東西」，其
內在有種種內容，朝外看著根本上與其疏遠的外在世界。在這
種形上學的視野中，人類只能以思考的主體遭逢彼此，並且需
要有如共情的沉浸（empathic immersion）的東西——就是海因
茲・寇哈特（Heinz Kohut, 1959）稱為感同身受的內省（vicarious
introspection）的著名概念——來橋接被本體論鴻溝所分開的孤
立心靈。在後笛卡兒哲學世界中不需要這樣的橋樑，因為我們本
就憑藉著我們共同的人性（包括我們共同的有限性和存在脆弱
性）以及我們共同揭露一個共享世界的關係而彼此相連。
　　寇哈特與其他人認為治療師的共情沉浸可以是中立而客觀

的，這一觀點尤其被笛卡兒式的假設所滲透。一個孤立的心靈如治療師，進入另一個孤立的心靈的主觀世界，即病人。由於治療師虛擬般地把自己的心理世界遺留在外頭，他或她以純淨和無先見的眼睛直接注視著病人的內心經驗。從我們的觀點來看，這種完美知覺的教條（尼采）否認了內在於精神分析理解的互為主體本質，而治療師的主體性實是對精神分析理解有著持續的、不可逆轉而且不可或缺的貢獻。

現象學脈絡論的框架擁抱詮釋學公理，也就是人類思想都涉及詮釋，也因此我們對任何事物的理解總由我們自己的組織原則的歷史性，也就是哲學家伽達默（1975）稱之為偏見的先入為主的前知覺（preperception）結構所形塑與限制的觀點產生。當聲稱所有的精神分析理解都透過詮釋而來，就不可能會有脫離脈絡的絕對性與普遍性、不可能會有中立或客觀的分析師、不可能會有完美的知覺、不可能有對任何事何何人的上帝之眼，也因此不會有共情沉浸於另外一人的經驗。這種脈絡論者的敏感性讓我們的視野朝向意義的多重性以及關係拓展的可能性開放。精神分析的理解於是可以被視為在對話的脈絡裡成形與演變的產物。

以我們的觀點看來，治療的探問其實是一個對話的歷程，其中每個參與者在不同程度和不同時間裡，反思彼此交織的三個意義領域：組織自身經驗的意義、組織他人經驗的意義，以及由這兩個意義領域互動所構成的動態互為主體系統。此外，在這個對話過程中，每個參與者（並非進入他人的主體世界或離開他或她的自身世界）不斷地從他或她自身的經驗世界尋找他人經驗的可能對照事物，從而掌握這些他人經驗所蘊含的意義。因此，共情的（內省的）理解可以被我們認識為對話系統中的「即刻」特

117

質，而不是一個孤立心靈的特許擁有物。

有一些狀態脫離了治療共情的傳統概念。寇哈特意識到了這一點，而在他去世前的最後一場演講中，他描述共情是價值中立的調查活動，並可以被惡意地使用。他舉例，納粹把要投放到倫敦的炸彈安裝上警笛的作法，就展現了他們對於地面上聽到警報的人會被喚起恐懼的精緻共情理解。

情緒棲居與寇哈特的共情觀點相反。在棲居時，一個人不是簡單地進入他人的經驗參照架構來尋求理解其情緒經驗，而是要靠向他人情緒處境的全部並參與其中。我們發現，這種積極、投入、參與的行動在治療情緒創傷上尤為重要。一個人用來談論另一個人情緒創傷的語言與此創傷本身對撞，言說那無法承擔與無法忍受的、說出那不可說的、任何撫慰、安慰、鼓勵或保證的嘗試都未能減輕的——因為這樣的嘗試總是會被此人經驗為迴避或轉身離開他或她的創傷狀態。

總結想法

對於情緒棲居，可能有人會問它的限制是什麼。當某人的經驗與我們自身的經驗大相逕庭，我們要怎麼能「棲居」在其經驗之中呢？當定義病人世界的可能性視域（Ratcliffe, 2015）大大偏離治療師自身所處宇宙時，治療師憑什麼可以靠向病人的主觀處境呢？情緒棲居並不要求治療師與病人有完全相同的經驗，但是，確實有必要找到主題性的類比來將彼此的世界拉近，共享著相似之處的類似經驗讓分析師得以想像病人可能經歷的處境。

我們兩個其中一人（艾特伍）在早期受訓為臨床心理師時有

118 一個例子。他在一間精神病院遇到的一些病人聲稱，世界正在終結與毀滅，而他們早已死亡，沒有活著。一般的精神科同事認為這些聲稱是妄想，是嚴重精神疾病的症狀，但艾特伍並不這樣看他們，對他來說，病人的話語其實是它們所感知與活出之主體災難的直接表達。這樣的知覺反而讓我們在許多狀況下可以去形成回應，讓病人覺得被理解而不是被孤立與病理化，並且為終將而來的治療對話創造條件。可是，既然從事實的角度來看，他（艾特伍）沒有經歷過相對應的個人毀滅，是什麼可以讓這樣的理解，也就是情緒棲居成為可能呢？ 在上述臨床遭逢多年後，經過了長久的反思，答案浮現了。雖然當時還沒有那麼清楚，他發現在他自己生命歷史中的一個類比事件，那是他孩童時所經歷的一個悲劇性與災難性的失落。他自己對世界末日的早期經驗，正如他所知道的那樣，幫助他想像他的病人的世界末日經驗。

在我們的印象中，分析師找到相應於病人經驗之主題性類比的最大困難在於，他們主觀世界中的一些區域早以被阻隔以避開那些難以承受的衝突和痛苦。例如，一位否認他或她自身早期破碎與失落經驗的分析師，將無法進入禁忌領域，找到其中的類比經驗去協助掌握他或她病人生命中的相應創傷。相反地，那些能夠對他們的創傷歷史開放的人，便能夠以他們全部的情緒背景作為豐富資源，使他們能夠與來到他們面前求助的痛苦靈魂共同棲居。我們認為，分析師開放自己的生命去尋求主題性類比經驗，是分析師的個人分析最為重要的功能之一。

【第十一章】必定見血：情緒棲居的代價 119

第一部份

多年前，在一場精神分析的研討會中，我在台下聽著一位知名分析師描述對一位受苦於強迫性精神官能症男性的「成功治療」。在病患進入分析工作之前，他長年表現出兩種主要的強迫行為症狀。首先，每天早上和一天當中的某些時刻，病人會感覺到自己必須把家中所有櫃子打開，再將抽屜拉出來。然後再將櫃子與抽屜全部關上。此外，每天他會無法拒抗地反覆向北方、南方、西方和東方鞠躬，而且總是按照這樣的順序。

每週進行三次的七年分析，在這個發表中以心理治療關係發展的順序被描述出來。

手足競爭、早年的如廁訓練議題以及雙親完美主義下的掙扎等主題，是此一發表中的主要部分。象徵性地重現這些經驗領域的夢被呈現與詮釋。在描述中，這個病人總是準時地在預約時間出現，收到帳單時總是準時支付費用給分析師，並且在每個階段都穿著合宜得體。這整個分析很像是兩個紳士間的禮貌性對話，而那些他帶著進入治療的症狀：櫃子、抽屜和鞠躬等，在描述中隨著時間過去而減退消失。這位分析師宣稱他「治癒」了這位病人的精神官能症。

我記得在聽著這個優雅的報告時，感覺自己的胃裡好像有東

西在翻攪。「這聽起來不太對勁，」我暗自地說。「這實在太完美了。」

所以，我決定向他提出一個疑問：「血在哪裡？」我接著解釋，雖然我從來都不覺得我在任何東西上治癒了任何人，但在那些我認為我提供他人顯著幫助的情境中，我總是遍體鱗傷、血跡斑斑。這些血跡來自於錯誤的試探、創傷的再現、固執的阻抗、我與病人經驗之間的落差、古老傷害的重啟與釋放、我當下的不敏感與笨拙所帶來的新傷，以及病人需要找一個人來攻擊的需求。

接著，我不顧一切地對這個個案研究提出一個截然不同的詮釋。那是我在那個痛苦下午裡的挫敗。我說或許，在過程當中沒有任何血的痕跡其實是顯示沒有任何重大改變發生於這一個由討好與權威所支配的人生。或許這個病人的人生主題就是關於服從、關於循規蹈矩以及關於維持現有的秩序。我接著說，會不會有一種可能是，那些原來的症狀，像對四方鞠躬和抽屜衣櫃等，都簡單地被替換為新的症狀，也就是準時地出席精神分析療程和負責任地支付費用？我甚至說他現在鞠躬的對象或許是他的分析師，而不再是北方或南方。但這是一種進步嗎，或是他仍然如故？

然後，出席這場談話的資深分析師們站成同一陣線，表示我的評論和問題無比荒謬。他們接著詢問現場的所有聽眾，在討論分析工作時以分析師是否被濺血臨身作為評估標準合理嗎？我感覺自己在那個場合中沒有任何同伴，而且還被污辱。

這個故事還有一個短暫的後續進展。在報告結束後，我跟這位演講者坐在一起，詢問他病患目前的狀況，他說病人現在很興

奮自己的故事能在全國的各個會議中被報告。這位分析師基於保護的理由，請病人簽署了同意書，讓這個治療過程能夠被報告出來。我接著問他一個問題：「以你的病人喜歡討好你的觀點來說，如果他對你使用他的故事持保留態度，他會感覺到自己有拒絕你的自由嗎？」分析師想了一下，接著回答「或許沒有。」

　　我想這還是需要「見血」的。

第二部分

　　某天，當我和《朝向解放的精神分析》（*Toward an Emancipatory Psychoanalysis*, Brandchaft, Doctors, and Sorter, 2010）的作者伯納・布蘭洽夫特（Bernard Brandchaft）坐在他們位於加州貝萊爾的家後院聊天時，他提醒了我一件事：「你知道的，喬治，任何深度的心理治療都是徒手肉博的。」我心裡非常認同他的說法。認真的心理治療是一場貼身肉搏的戰鬥，而且那總是會見血。

　　如此展開的戰鬥，病人並不是對手。那是一個世界，通常根深抵固於創傷，並且由很久以前建立的解決方式所主導。那是「『過去』尚未成為過去」的世界，一段在永恆「現在」一再重現的歷史。更有甚者，這個世界中的「未來」，不是其內容尚未決定的可能性界域，不論正向或負向；相反地，「未來」已然固著，並且註定要無盡地重複演出過去的主題。這場戰爭開始於這個世界與另一個世界之間，起初像是一個虛擬的宇宙，作為一個潛在性的界域，只有微弱的暗示，要求著超凡甚至是英雄式的努力才能形成，繼而被建立起來。而治療師是第二個世界的代表，來自未來，與正俘虜著病人的統治力量作戰。這齣戲劇的核

121

197

心在於，治療師作為一個人的有效現身、臨在。在桑多爾‧費倫齊（Sándor Ferenczi, 1932）的作品裡，特別是最終在一九八八年出版的《臨床日記》（*Clinical Diary*）中，他描述了一段與嚴重創傷病人進行多年之痛苦且血腥的治療歷程。在《臨床日記》中，一九三二年三月八日標題為〈分析師作為埋葬者〉（The analyst as undertaker）的篇章中，費倫齊寫道：

> 我終於意識到身為分析師是有一個無可避免的任務：不管他再怎麼謹言慎行，用盡心思地表現和善與靜謐，「那個時刻」還是終將到來，他將不得不親手重複先前病人所經歷的謀殺動作。然而，與原兇不同的是，他不被允許否認自身的罪行。（p. 52）

兩個世界之間的戰爭是多麼令人疲憊，對治療師來說，那太多痛苦，對病人來說也是。我嘗試用一個極端的例子說說這個強大的掙扎。有一次我和一個童年時期遭受兄長與表兄長期殘暴性侵害的女性工作，這些侵害發生在四歲到十歲之間。在她十幾到二十初頭間這些事件的記憶消失無蹤，但在治療初期，這些記憶開始顯現。她用自己的血寫了幾封信給我，當中表明對自己的仇恨，以及自己無可避免且必要的死亡。我發現唯一可以搶先破壞她自殺的方式，就是每天跟她說話，接續多年。在這個困難旅程的一開始，這個病人處於創傷不斷重現的持續黑暗之中。唯一一件維持她生命的事情，似乎就是我讓自己每天都能夠與她見面。我記得幾位同事都建議我不要給她那麼多的時間，其危險在於我正在培養一種不健康的依賴。我當時無法接受這些建議，並且和

他們保持距離。即便我不確定他們是否正確，但依然因為他們的警告而陷入了自我懷疑的痛苦。

當前的許多臨床工作者都抱持著一種觀點，認為創傷心理治療有著某些捷徑可使用，特定的操作程序能夠繞過那些痛苦困難的掙扎，如強勢的創傷回憶閃現、令人畏懼的惡夢、長期具自殺風險的憂鬱以及創傷歷史的危險重演。我並不是這類方法的信仰者；我更傾向於認為，如果要有持久的治療效益，我們要花時間。但是，當一個人身處於長期磨難，聽到最新快速解決方案的討論時是會感到沮喪的。我試圖告訴自己，認真的人不會對這種討論認真。 122

有些人可能會問，童年時期遭受過性虐待侵害的受害者在治療中會發生什麼事？我會告訴你用一支湯匙來剷平珠穆朗瑪峰。

這就是面對深度虐待的心理治療，要以一次一小勺土剷平一座 29,000 英尺高的山峰。需要花費四分之一世紀來完成的是一場黑暗與光明世界之間的戰爭。在漫長的旅程中，存在著危險的自殺企圖、病人無法分辨我和侵害者時的身體攻擊、傷心沮喪時的性誘惑，以及回想與重現每一個似乎永遠不會結束的創傷事件。在這樣的例子裡，病人的經驗是對不可能存活之事的忍受，他或她會說痛苦是無盡與永恆的。但是事情並不是這樣的，真正的問題是：嚴重的情緒受創需要耗磨時間戮力以對，就是如此單純。

雖然並非所有的心理治療工作都如此困難，但面對一個嚴重困頓的人生，就像布蘭洽夫特所說的，總是需要徒手肉博的掙扎，而且必定見血。當這樣的掙扎成功，它就成為喜悅的見證。

第三部分

　　心理治療，如果要成功的話，一定會有這樣見血的過程嗎？難道沒有一些例子描述著治療師與病人之間和諧相處，沒有發生任何嚴重中斷和掙扎的治療歷程嗎？難道不可能是從一開始就已經建立了深入理解的連結，然後在信任與合作的脈絡基礎上，克服嚴重創傷的旅程就此發生與完成？難道關係和諧的病人與治療師，都會被視為某種對權威的順從，就像本文第一部分的分析那樣嗎？以下是我對這些問題的看法。

　　必然見血的想法來自於我的臨床經驗，但有時候這種流血並不是治療關係內部的衝突。舉例來說，我和一位女性一起工作了三十五年，她從頭到尾都認為我是完全正向的存在；我們之間從來都沒有出現什麼張力、我們的交流總是友善，她甚至稱呼我是她生命的「奇蹟」和「暴風雨中的避風港」。在我們長期的關係中，有過非常顯著的療癒性轉變。她是我在半世紀以來的職業生涯裡所遇見到的、最嚴重童年時期性虐待的受害者。她的父親從她兩歲開始，每週對她進行一到兩次的性侵害，持續到十幾歲。這樣的虐待在這期間一直都是隱藏著的，直到一位來訪的親戚撞見父親正在肛門性侵病人的弟弟，這事情才終於被揭露。這個家庭頓時瓦解，而父親也被逮捕。我的病人在過後不久，就開始經歷一連串的精神病症狀，令其生活遭到摧毀，持續數年。我們的工作就是從這裡開始。

　　在第一次會面中，我請她告訴我她的童年經驗。她告訴我她被父親性侵的一次例子，事情發生的時候是午夜，只有她與父親在家，地點就在她的臥房和浴室裡。她特別描述了發生在浴室的

123

事，其中包括口腔、陰道和肛門的插入。她開始顫抖著告訴我那些在住院期間出現在她夢裡的畫面。那些夢是關於一些被遞送到家中的牛皮紙袋，袋裡裝著正流出血水的生肉。紙袋逐漸被血水滲透隨之破裂，掉落在她的客廳地板。她沒有辦法對於這些恐怖的畫面多說些什麼，但似乎可以明顯看出，解體的紙袋象徵著她用以處理受虐歷史的解離崩潰，而她正在被可怕的記憶和感覺淹沒。當我聽著她的故事，我感覺自己正在被生肉的血水浸濕。那是一個很糟糕的感官經驗，我幾乎要吐了出來。隨之而來的，是我病人被宰殺的畫面在我的腦海中浮現。

在接下來的三十多年間，我跟她的相處出乎意料地好，從來沒有任何的摩擦發生。但我們的工作是開始於一個血淋淋的場景。對一個生命中有著重大痛苦的人的心理治療，總會是一個充滿挑戰的掙扎，但其中的對決不一定是以衝突的形式發生在治療師與病人之間。有時候，像是在這個例子中，從一開始就有一種瞭解被建立起來的一項情緒同盟，提供了一條橋樑來通往一個超越過去傷痛的世界。然而，心理治療的工作也會在某些時候變得非常困難，而任何試圖想繞過這個困難的意圖都會使得事情變得更糟，毫無幫助。

我目前為止所提出的例子都包含著實際意義上與隱喻上的血，但心理治療的艱巨旅程確實有著許多不同的面貌。有時，在黑暗與光明間會歷經漫長的戰爭；或是，痛苦地攀登一座高山卻伴隨著無數的倒退；或是，堆起一顆一顆的石頭建造城堡，但隨之石頭不斷掉落，直到它最終得安全佇立。但，通常還是會見血。

在我生涯早期擔任教師時，我遇過一位女性表示想要採訪我

對於超心理學的興趣。當我毫無戒心地回答完她一系列關於我對
心電感應和其他超自然現象研究的問題後，她從自己的包包內拿
出了一片玻璃與一把小錘子。她敲碎了玻璃，並以碎片割自己的
手腕，血流出來並滴到我辦公室的地板。我很快地跳向她，阻止
她繼續割自己，並且用一條毛巾包紮她的手腕來止血。很顯而易
見的，這是我們接下來一段長長黑暗旅程的開端。在接下來的幾
年中，有許多創傷浮出水面，大多集中在帶來情緒災難的醫療措
施，包括了她童年早期與中段都重複接受許多重大手術。這些事
情都是發生在充滿家庭虐待與忽視的脈絡下。我後來終於開始了
124　解，在我的眼前割傷自己並且在我的辦公室地板留下血跡，是她
所開啟的一道門，前往她經驗中殘忍迫害的早年手術世界。

　　讓血流出是一件好事，不然要如何挖掘與訴說真相呢？
如果沒有斑駁血跡，那麼真正重要的價值很可能尚未浮現。
（Atwood, 2017）

對話

羅伯：喬治你呈現出了一些典型地令人激動並且具有說服力的臨
　　　床案例。但當你在宣稱「必然見血」，或「總是可以看見
　　　血」，你難道不是在假設一個普世性？這可以算是你個人
　　　的「形上學衝動」嗎？

喬治：這一小章節是在一種恍惚狀態中完成的，是當我漫步在美
　　　麗的緬因州蘭奇利的避暑別墅水岸邊，在我的腦中逐漸成
　　　形的。我知道其中血的意象有著我個人的特殊意義。有一
　　　個同事注意到我經常使用這個詞，曾說我有十字架情結

（crucifixion complex），會無意識地認為自己在為世界流血。就算真的如此，我並不想要因為對標題「必然見血」的過度字面解讀而被釘在十字架上。我試圖說的是，如果一個精神分析治療要成功的話，其分析關係中就會有著病人創傷歷史的復活；病人會再活過一次過去的傷痛與掙扎，這總是痛苦與隱喻上但經常就是字面上的血跡斑斑。我不認為這是一種形上學化的普同性。

羅伯：這要怎麼連結到你之前提過並說明的兩種治療師類型呢？

喬治：這個問題顯化了治療歷程中分析師流血的議題。若分析師的生命軌跡是那種去填補失去的或情緒失能的家長，當治療過程中情況變得糟糕時，他或她會被拉回個人的創傷場景。羅伯，就像我先前說的，我認定自己是「第二類型臨床工作者」，也就是照顧的主題主要奠基於對已失去之摯愛父母的認同。當病人被拋棄或背叛的歷史開始生動地出現在我們的關係中，我就會感覺到自己經驗到拋棄，要不然就是給予巨大傷害，而我自己在母親過世後所經歷到的破壞性童年歷史會再次開啟。我有時候會感覺到自己好像被病人的控訴釘在十字架上，就像釘子鑽進我的肉，大量血液流淌而出。如果我從情緒棲居的鋼索上摔落到捲入病人現實的那一邊，會開始感覺自己是破壞者，對人性犯下了無可饒恕的罪惡。此時，從如此暴力中退縮，進而跳到鋼索另一邊來肯定我自己個人現實的拉力十分強大，這雖能夠止血，但卻是以犧牲我的病人為代價。我通常試圖做但卻不一定能成功的方式是繼續留在鋼索上，盡可能地情緒棲居於病人的經驗，承認我自己做過和沒做過的事情，　125

並瞭解這些如何深刻地影響病人對我的知覺，但也同時堅持住我的目標與目的的正面意義。我有時候告訴自己，我必須承接這些苦難並忍受它，同時避免自己在這過程中因流血過多而死亡，期盼著入侵治療關係的黑暗終將退去，而我可以爬下十字架。我想，我的確有著十字架情結。

羅伯：你所謂的情結中，有沒有包含著相對應的「復活」（the Resurrection）？

喬治：有。那就像我已經被釘在十字架上而死了上千次，但當治療產生了成效、病人的創傷歷史沉靜下來並且得以整合時，我長久以來對我母親的認同就會恢復，沒有被磨損得更糟。耶穌基督從死裡復活（Jesus Christ rises from the dead.）。

羅伯：你已經描述了「第二類型臨床工作者」在心理治療中可能發生的事，這些人的職業選擇是受認同於所失去之父或母的影響。那對於「第一類型臨床工作者」又會是如何？這一群人的工作是奠基在生命經驗中對憂鬱或情緒困難的家長提供同理性照顧。這樣的治療師遭遇到病人的創傷浮上檯面，並且活生生地重現在治療對話中時，又會面臨什麼特殊挑戰？

喬治：第一型治療師的夢想，利用其開始於生命早期就作為一位心理治療師的「訓練」，給出大量完美契合的同理心及其所形成的全包式經驗，從而讓病人僅憑這個經驗就能療癒和茁壯。通常，在治療的最初階段會出現合一的幸福感，病人會感覺到從未有過的理解與支持。當治療師的努力不免遭遇失敗時，病人的創傷開始在他們的關係中重現，痛

苦就開始。此時，圍繞著提供安慰性回應而組織出個人世界和專業認同的治療師，會發現到自己成了病人痛苦的來源，這使他的美夢變成了惡夢，並且開始流血。在這裡對於治療師的要求是：持續與病人的痛苦同在，並釐清與肯認治療師在治療對話中造成再次創傷經驗的所做所為。如果在這當中自情緒棲居的鋼索上跌落到病人的現實，那就會是消耗掉一切的災難，治療師的痛苦會變得難以忍受。但當這個跌落發生在維持治療師的個人現實的那一邊時，病人將會被病理化，並因為治療的中斷而被指責，從而重演了他或她的創傷歷史。在面對人生中曾遭遇過重大情緒傷害的病人時，心理治療的執行總是會跌落到這一邊或那一邊，無論如何也就都會見血。

羅伯：這實在與面對病人時將自己作為中性空白螢幕或中空容器 126
　　　之「排除記憶和欲望」的訓諭（Bion, 1967, p. 281）形成鮮
　　　明對比。喬治，你戲劇性地表明情緒棲居的作為要求著以
　　　血肉之軀參與到病人的痛苦中。

【第十二章】總結性對談 127

羅伯：在我們近半個世紀的合作中，使我們一致的是對現象學探
　　　問的堅定獻身。在極端處境的工作、在創傷的理解以及治
　　　療的途徑、在一種治療作為（棲居）的形成、在形上學和
　　　意識形態幻覺的解構等方面以及其他，現象學展現了它自
　　　身的力量。

喬治：這個共同的承諾也使我們一致去反對當代精神分析與精神
　　　醫學中的笛卡兒主義思想趨勢，我認為這也是我們在追求
　　　現象學夢想的過程中遭遇到阻力的原因。

羅伯：在我們對精神分析理論的主觀源頭研究中（Stolorow and
　　　Atwood, 1979），我們的現象學方法開始系統化。在每一
　　　個案例（Freud, Jung, Reich, and Rank）中，我們都能夠勾
　　　畫出理論家生平的中心主題及支配其理論的主題模式，結
　　　果我們發現兩者之間有著驚人的連繫。在隨後的四十年，
　　　這個現象學方法逐步被細緻化，並且延展到包括幾位後笛
　　　卡兒主義哲學家生活與作品的一系列現象，我們自己也在
　　　其中。

喬治：羅伯，我有一種感覺，在一九九一年你經歷了妻子過世的
　　　悲劇後，你以現象學方式探問你自己的情緒經驗，提供了
　　　通往情緒創傷之存在意義的途徑。

羅伯：是的，在一九九二年的一場會議上我再次經歷了那段經
　　　驗，我稱之為前往創傷的港口鑰（portkey），且在幾年

後寫成了一篇短文描述我的創傷狀態現象學（Stolorow, 1999）。再過了兩年，在我細心研讀海德格（1927）的《存有與時間》（*Being and Time*）時，他對於存在焦慮的現象學描述讓我大吃一驚。海德格的不安（Angst）現象學與我的創傷現象學兩者都包含著相同的兩個本質元素：孤立及與他人隔絕的痛苦感受，以及日常世界意義的失落。在海德格的論述中，不安到來的時刻是在人不得不直面死亡那「最為屬己的」（ownmost）可能性之時。因此我結論，創傷將人丟入海德格所說的「本真的向死存有」（authentic Being-toward-death）。在創傷中，人面對面地遭逢了自身的有限性以及所有所愛之人的有限性。

喬治：我想我明白你的回答，但要再請你解釋，創傷現象學的闡明如何幫助你建立對創傷的治療作為？

羅伯：是的，喬治，我知道你早就明白我的想法。創傷現象學中的第二個關鍵面向；除了它的存在性意涵外，就是它的「脈絡鑲嵌性」（context-embeddedness）。創傷帶來無法承受的情緒痛苦經驗，而令人痛苦的情感之所以難以承受在於當它找不到被理解的脈絡，一個能夠抱持它的關係之家（relational home）。必須一個人孤獨地經驗的痛苦感受會變得難以承受。這個理解延續下來，面對情緒創傷的合宜治療作為就會是我們所稱的情緒棲居（emotional dwelling）。我們靠向情緒痛苦但不做任何保證；我們去說那無法言說的、去表達那難以忍受的，從而讓這樣的情緒痛苦找到一個家，讓它能夠被抱持、被承接，進而達到最終的整合。

喬治：我還記得一九九一年，當你深愛的妻子狄迪（Dede）過世後不到兩週，我們兩人走在洛杉磯的海邊。你告訴我說你感覺到麻木與心理上的癱瘓，然後你詮釋了自己的這個經驗：「我想這就是創傷。」似乎你開始醒覺並意識到，就在幾天前發現狄迪已經過世時所帶來的毀滅性衝擊如何巨大。當我聽你說著那個衝擊的蹂躪，我流下淚來。我將你對創傷的現象學智性興趣轉向追溯到這一時刻，在你一生中經歷過的最大損失之後。我回憶著那次的散步，就好像昨天才發生的一樣。那大約是在午後五點，天空多雲。我盡我所能地作為一位兄弟，試著讓你能夠有空間訴說這個難以承受的悲劇。

羅伯：在隨後的那段歲月裡，喬治，你是最能夠貼近我所經歷的人。不像其他人總是努力安撫我、試著給予我未來的希望，你留在那災難之中，見證著我持續感受到的那種令人難以置信的困難痛苦。你說的話像：「你的人生毀滅了」和「羅伯，你現在就像在一列不知開往何處的火車上」，反映著我正感受到的經驗。那些從別人那裡收到的許多鼓勵反而讓我感到孤單和疏離，就像是一個外星人一樣。 129

喬治：現在的你正經歷著第二次的災難性失落，羅伯，你深愛的女兒艾蜜莉（Emily）在她二十歲生日時過世，而此時你自己卻也正在危及生命之疾病的脈絡中。當前的這個悲劇以世界末日的形式認記到我身上。在你打電話告訴我艾蜜莉死訊後的第一個晚上，我做了一個夢，在夢中，我住在一個大房子裡，而那個大房子的後半部分卻是被核爆所摧毀。那是一個恐怖的惡夢。那一棟房子現在失去了一半，

是你和你的世界又再一次粉碎。我的夢是對你所經歷的共情認同，把我自己放進你的位置，並且鮮明地經驗著這將人淹沒的失落。透過我的夢，我情緒上與你棲居同在，靠向你最近崩解的家庭。

羅伯：你一直都是我黑暗中的兄弟，喬治，而當你現在面臨你的妻子莉茲的嚴重疾病，我也會是這樣的兄弟。我們真是那樣的一對。

喬治：沒錯，的確是那樣的一對！兩個老男人都受疾病所困擾，一次又一次因為經歷悲劇性失落而心碎、因著共同的智性計畫和長久的友誼，而能夠轉向彼此為伴。說到我們的計畫，當我們開始精神分析理論的心理傳記研究後，理解創傷的存在意義拓展了我們對精神分析後設心理學的批判。

羅伯：沒錯，在這裡我們要感謝威廉‧狄爾泰睿智的現象學見解，他將形上學衝動詮釋為人類對自身有限性的閃避。後設心理學實為形上學的一個種類，後者將普遍真理與不變實體視為理所當然，從而成為人類存在有限性與短暫性的解藥。我們也在語言現象學中找到對狄爾泰論點的支持，尤其是維根斯坦說明了字詞是如何透過其投出的圖像而創造意義，而這些圖像繼而成為虛幻的形上學實體。

喬治：而且，這種現象學理解對於我們掌握破壞性意識形態的起源具有重要的意義，對吧？

羅伯：絕對是（恕我直言）！在極權主義之意識形態的核心就有如「善與惡的力量」的形上學實體。標舉這種實體實是迴避集體創傷所暴露出來的存在性脆弱。無論是對個人或集體創傷來說，情緒棲居作為一項治療方法是非常珍貴的，

尤其在我們當前的社會政治環境中有著極大的重要性。

喬治：在心理治療歷程中發生的「情緒棲居」是如何可以應用在 130
　　　集體創傷與其後續效應呢？我認為部分的答案會是來自於
　　　我們在制訂國家政策時，我們要去承認我們共同的創傷，
　　　例如九一一事件所造成的影響。它驅使我們走向摩尼主義
　　　式的善惡對立二元解決方案。但同樣重要的是去認識到：
　　　我們的對手也被他們的創傷歷史和相關的形上學反應所囚
　　　禁。

羅伯：沒錯，想像一個比現在更加團結與相互理解的世界，於其
　　　中有著對人類存在無法避免之有限性的共同覺察與接受，
　　　在這樣的世界中我們可以像是「處於相同黑暗中的手足」
　　　（Stolorow, 2011）一般彼此連繫。在如此點亮的世界中，
　　　形上學的基礎消退，而摩尼主義的衝動也就相應地能夠被
　　　抵制。

＊　＊　＊

羅伯：回想起來，我有點後悔我們把自己的取向稱為互為主體
　　　系統理論（intersubjective-systems theory），一個已經為人
　　　所知的名稱。我們原本的名字：精神分析現象學，更能
　　　洽當捕捉到我們在現象學探問上堅持不懈的獻身。這個
　　　獻身奠基了我們所有重要的發現與建構，包括如情緒經
　　　驗與困擾之所有方面的脈絡鑲嵌性。或許現象學脈絡論
　　　（phenomenological contextualism）一詞捕捉了所有特質。

喬治：為什麼我們需要為自己的取向取名呢？我們需要描述自己
　　　的想法成為一種「主義」？拜託，不要再有更多「主義」

了。我認為我們的工作是一組建議和可能性，而不是任何形式下的一致性系統或思想流派。這頂多是部分的行動鷹架，一個不完整的結構，期待由跟隨我們現象學腳步的後繼者發展得更遠。我們一生的工作有點像是克林·伊斯威特（Clint Eastwood）在賽吉歐·李昂尼（Sergio Leone）的義式西部片三部曲中飾演的賞金獵人，一個沒有名字的男人。我們是當代精神分析裡的無名賞金獵人，走向不確定的未來。我想讓它這樣就好。

羅伯：這是很好的說法，喬治。所謂的「主義」本身就傳達了靠向形上學的絕對性，而互為主體系統這個名稱，可以容易漸變成維根斯坦所描述的形上學實體。從現在開始，不需再有任何的「主義」！

【附錄一】參考書目

American Psychiatric Association (2013). *Diagnostic and Statistical Manual of Mental Disorders, 5th Edition*. Arlington, VA: American Psychiatric Publishing.

Arendt, H. (1951). *Totalitarianism*. New York: Harcourt.

Aron, L. (1996). *A Meeting of Minds*. Hillsdale, NJ: The Analytic Press.

Atwood, G.E. (1978). On the origins and dynamics of messianic salvation fantasies. *International Review of Psycho-Analysis*, 5, 85–96.

Atwood, G.E. (1983). The pursuit of being in the life and thought of Jean-Paul Sartre. *Psychoanalytic Review*, 70, 143–162.

Atwood, G.E. (2011). *The Abyss of Madness*. New York: Routledge.

Atwood, G.E. (2017). The bloody amputation: A first dream in an analysis. *American Journal of Psychoanalysis*, 77, 78–82.

Atwood, G.E., Orange, D.M., and Stolorow, R.D. (2002). Shattered worlds/psychotic states. *Psychoanalytic Psychology*, 19 (2), 281–306.

Atwood, G.E. and Stolorow, R.D. (1984). *Structures of Subjectivity: Explorations in Psychoanalytic Phenomenology*. Hillsdale, NJ: The Analytic Press.

Atwood, G.E. and Stolorow, R.D. (2012). The demons of phenomenological contextualism: A conversation. *Psychoanalytic Review*, 99, 267–286.

Atwood, G.E. and Stolorow, R.D. (2014). *Structures of Subjectivity: Explorations in Psychoanalytic Phenomenology and Contextualism, 2nd Edition*. New York: Routledge.

Atwood, G.E., Stolorow, R.D., and Orange, D.M. (2011). The madness and genius of post-Cartesian philosophy: A distant mirror. *Psychoanalytic Review*, 98, 263–285.

Binswanger, L. (1946). The existential analysis school of thought, trans. E. Angel. In *Existence: A New Dimension in Psychiatry and Psychology*, ed. R. May, E. Angel, and H. Ellenberger. New York: Basic Books, 1958, pp. 191–213.

Binswanger, L. (1963). *Being-in-the-World*. New York: Basic Books.

Bion, W.R. (1967). Notes on memory and desire. *Psychoanalytic Forum*, 2, 279–281.

Bleuler, E. (1911). *Dementia Praecox of the Group of Schizophrenias*. Madison, CT: International Universities Press. 1950.

Boss, M. (1963). *Psychoanalysis and Daseinsanalysis*, trans. L. Lefebre. New York: Basic Books.

Boss, M. (1979). *Existential Foundations of Psychology and Medicine*. Northvale, NJ: Jason Aronson.

Brandchaft, B., Doctors, S., and Sorter, D. (2010). *Toward an Emancipatory Psychoanalysis*. New York: Routledge.

Braver, L. (2007). *A Thing of This World: A History of Continental Anti-Realism*. Evanston, IL: Northwestern University Press.

Braver, L. (2012). *Groundless Grounds: A Study of Wittgenstein and Heidegger*. Cambridge, MA: MIT Press.

Davis, W.A. (2006). *Death's Dream Kingdom: The American Psyche Since 9/11*. Ann Arbor, MI: Pluto Press.

Descartes, R. (1641). *Meditations*. Buffalo, NY: Prometheus Books, 1989.

Des Lauriers, A.M. (1962). *The Experience of Reality in Childhood Schizophrenia*. New York: International Universities Press.

Dilthey, W. (1910). *Selected Works: Vol. 3. The Formation of the Historical World in the Human Sciences*. Princeton, NJ: Princeton University Press, 2002.

Dilthey, W. (1926). *Meaning in History*, ed. H. Rickman. London: Allen & Unwin, 1961.

Duke, P. and Hochman, G. (1992). *A Brilliant Madness*. New York: Bantam Books.

Ferenczi, S. (1932). *The Clinical Diary of Sandor Ferenczi*, ed. J. Dupont, trans. M. Balint and N. Jackson. Cambridge, MA: Harvard University Press, 1988.

Frances, A. (2013). The new crisis of confidence in psychiatric diagnosis. *Annals of Internal Medicine*, 159 (3), 221–222.

Freud, S. (1912). Recommendations to physicians practicing psychoanalysis. *Standard Edition*, 7, 109–120. London, UK: Hogarth Press, 1958.

Freud, S. (1926). Inhibitions, symptoms, and anxiety. *Standard Edition*, 20, 77–175. London, UK: Hogarth Press, 1959.

Fromm-Reichman, F. (1954). An intensive study of twelve cases of manic-depressive psychosis. In *Psychoanalysis and Psychotherapy: Selected Papers*. Chicago, IL: University of Chicago Press, pp. 227–274.

Gadamer, H.-G. (1975). *Truth and Method, 2nd Edition*, trans. J. Weinsheimer and D. Marshall. New York: Crossroads, 1991.

Golding, S.L., Atwood, G.E., and Goodman, R. (1965). Anxiety and two cognitive forms of resistance to the idea of death. *Psychological Reports*, 18 (2), 359–364.

Greenberg, J. (1964). *I Never Promised You a Rose Garden*. Orlando, FLA: Holt, Rinehart, & Winston.

Heidegger, M. (1927). *Being and Time*, trans. J. Macquarrie and E. Robinson. New York: Harper and Rowe, 1962.

Heidegger, M. (1968). Time and being. In *On Time and Being*, ed. J. Stambaugh. Chicago, IL: University of Chicago Press, 1972, pp. 1–24.

Husserl, E. (1900, 1913). *The Shorter Logical Investigations*, ed. J. Findlay, trans. D. Morgan. New York: Routledge, 2001.

Inkpin, A. (2016). *Disclosing the World: On the Phenomenology of Language*. Cambridge, MA: MIT Press.

Jamison, K. (1995). *An Unquiet Mind*. New York: Alfred A. Knopf.

Jaspers, K. (1913). *General Psychopathology*. Chicago, IL: University of Chicago Press, 1963.

Kazantzakis, N. (1955). *The Last Temptation of Christ*, trans. P. Bien. New York: Simon & Schuster, 1960.

Khan, M. (1963). The concept of cumulative trauma. In *The Privacy of the Self*. Madison, CT: International Universities Press, pp. 42–58.

Klein, G.S. (1976). *Psychoanalytic Theory: An Exploration of Essentials*. Madison, CT: International Universities Press.

Kohut, H. (1959). Introspection, empathy, and psychoanalysis: An examination of the relationship between mode of observation and theory. In *The Search For the Self*, ed. P. Ornstein. New York: International Universities Press, pp. 205–232.

Kohut, H. (1966). Forms and transformations of narcissism. *Journal of the American Psychoanalytic Association*, 14, 243–272.

Kohut, H. (1968). The psychoanalytic treatment of narcissistic personality disorders. *The Psychoanalytic Study of the Child*, 23, 86–113.

Kohut, H. (1971). *The Analysis of the Self*. Madison, CT: International Universities Press.

Kohut, H. (1977). *The Restoration of the Self*. Madison, CT: International Universities Press.

Kohut, H. (1984). *How Does Analysis Cure?*, eds. A. Goldberg and P. Stepansky. Chicago, IL: University of Chicago Press.

Laing, R.D. (1959). *The Divided Self*. London: Tavistock Publications.

Laing, R.D. (1976). *The Facts of Life*. New York: Penguin.

Lear, J. (2006). *Radical Hope: Ethics in the Face of Cultural Devastation*. Cambridge, MA: Harvard University Press.

May, R. (1950). *The Meaning of Anxiety*. New York: W.W. Norton.

May, R., Angel, E., and Ellenberger, H. (Eds) (1958). *Existence: A New Dimension in Psychiatry and Psychology*. New York: Basic Books.

Merleau-Ponty, M. (1945). *Phenomenology of Perception*, trans. Colin Smith. New York: Routledge and Kegan Paul, 1962.

Miller, A. (1982). *The Drama of the Gifted Child*. New York: Basic Books.

de Mul, J. (2004). *The Tragedy of Finitude: Dilthey's Hermeneutics of Life*. New Haven, CT: Yale University Press.

Nietzsche, F. (1882). *The Gay Science*, trans. W. Kaufmann. New York: Vintage, 1974.

Nietzsche, F. (1886). *Beyond Good and Evil*. In *Basic Writings of Nietzsche*, ed. and trans. W. Kaufmann. New York: Modern Library, 2000, pp. 179–435.

Nietzsche, F. (1887). On the genealogy of morals. In *Basic Writings of Nietzsche*, ed. and trans. W. Kaufmann. New York: Modern Library, 2000, pp. 437–599.

Nietzsche, F. (1892). *Thus Spoke Zarathustra*, trans. W. Kaufmann. New York: Penguin, 1966.

Orange, D.M., Atwood, G.E., and Stolorow, R.D. (1997). *Working Intersubjectively: Contextualism in Psychoanalytic Practice*. Hillsdale, NJ: The Analytic Press.

Peirce, C.S. (1931–1935). *Collected Papers of Charles Sanders Peirce: Vols. 1–6*, eds. C. Harteshorne and P. Weiss. Cambridge, MA: Harvard University Press.

Putnam, H. (1990). *Realism with a Human Face*. Cambridge, MA: Harvard University Press.

Ratcliffe, M. (2008). *Feelings of Being: Phenomenology, Psychiatry, and the Sense of Reality*. Oxford: Oxford University Press.

Ratcliffe, M. (2015). *Experiences of Depression: A Study in Phenomenology*. Oxford: Oxford University Press.

Ricoeur, P. (1977). Patocka, philosopher and resister. *Telos*, 31, 152–155.

Rilke, R.M. (1910). *The Notebooks of Malte Laurids Brigge*. New York: W.W. Norton, 1992.

Rowling, J.K. (2000). *Harry Potter and the Goblet of Fire*. New York: Scholastic Press.

Sartre, J.-P. (1943). *Being and Nothingness*. New York: Washington Square Press,1966.

Shapiro, D. (1965). *Neurotic Styles*. New York: Basic Books.

Socarides, D.D. and Stolorow, R.D. (1984/1985). Affects and selfobjects. *The Annual of Psychoanalysis*, 12/13, 105–119.

Stanghellini, G. and Aragona, M., eds. (2016). *An Experiential Approach to Psychopathology: What Is It Like to Suffer from Mental Disorders?* Basel: Springer.

Stolorow, R.D. (1969). Anxiety and defense from three perspectives. *Psychiatric Quarterly*, 43, 685–710.

Stolorow, R.D. (1970). Mythic consonance and dissonance in the vicissitudes of transference. *American Journal of Psychoanalysis*, 30, 178–179.

Stolorow, R.D. (1972). On the phenomenology of anger and hate. *American Journal of Psychoanalysis*, 32, 218–220.

Stolorow, R.D. (1976). Radical surgery for psychoanalysis. Book review of *Psychology versus Metapsychology*, ed. M. Gill and P. Hozman. *Contemporary Psychology*, 21, 777–778.

Stolorow, R.D. (1978). The concept of psychic structure: Its metapsychological and clinical psychoanalytic meanings. *International Review of Psycho-Analysis*, 5, 313–320.

Stolorow, R.D. (1997a). Deconstructing the myth of the neutral analyst. In Current conceptions of neutrality and abstinence, reporter G. Makari. *Journal of the American Psychoanalytic Association*, 45, 1231–1239.

Stolorow, R.D. (1997b). Dynamic, dyadic, intersubjective systems: An evolving paradigm for psychoanalysis. *Psychoanalytic Psychology*, 14, 337–346.

Stolorow, R.D. (1999). The phenomenology of trauma and the absolutisms of everyday life: A personal journey. *Psychoanalytic Psychology*, 16, 464–468.

Stolorow, R.D. (2007). *Trauma and Human Existence: Autobiographical, Psychoanalytic, and Philosophical Reflections*. New York: Routledge.

Stolorow, R.D. (2009). Identity and resurrective ideology in an age of trauma. *Psychoanalytic Psychology*, 26, 206–209.

Stolorow, R.D. (2011). *World, Affectivity, Trauma: Heidegger and Post- Cartesian Psychoanalysis*. New York: Routledge.

Stolorow, R.D. (2014). Undergoing the situation: Emotional dwelling is more than empathic understanding. *International Journal of Psychoanalytic Self Psychology*, 9, 80–83.

Stolorow, R.D. (2016). Pain is not pathology. *Existential Analysis*, 27 (1), 70–74.

Stolorow, R.D. and Atwood, G.E. (1973). Messianic projects and early object-relations. *American Journal of Psychoanalysis*, 33, 213–215.

Stolorow, R.D. and Atwood, G.E. (1979). *Faces in a Cloud: Subjectivity in Personality Theory*. Northvale, NJ: Jason Aronson.

Stolorow, R.D. and Atwood, G.E. (1992). *Contexts of Being: The Intersubjective Foundations of Psychological Life*. Hillsdale, NJ: Analytic Press.

Stolorow, R.D. and Atwood, G.E. (2013). The tragic and the metaphysical in philosophy and psychoanalysis. *Psychoanalytic Review*, 100, 405–421,

Stolorow, R.D., Atwood, G.E., and Orange, D.M. (2002). *Worlds of Experience: Interweaving Philosophical and Clinical Dimensions in Psychoanalysis*. New York: Basic Books.

Stolorow, R.D., Atwood, G.E. and Orange, D.M. (2010). Heidegger's Nazism and the hypostatization of being. *International Journal of Psychoanalytic Self Psychology*, 5, 429–450.

Stolorow, R.D., Atwood, G.E., and Ross, J.M. (1978). The representational world in psychoanalytic therapy. *International Review of Psycho-Analysis*, 5, 247–256.

Stolorow, R.D., Brandchaft, B., and Atwood, G.E. (1987). *Psychoanalytic Treatment: An Intersubjective Approach*. Hillsdale, NJ: The Analytic Press.

Strozier, C. (2001). *Heinz Kohut: The Making of a Psychoanalyst*. New York: Farrar, Straus, & Giroux.

Sullivan, H.S. (1953). *The Interpersonal Theory of Psychiatry*. New York: Norton.

Taylor, C. (2016). *The Language Animal*. Cambridge, MA and London, UK: The Belknap Press of Harvard University Press.

Thelen, E. and Smith, L. (1994). *A Dynamic Systems Approach to the Development of Cognition and Action*. Cambridge, MA: MIT Press.

Vogel, L. (1994). *The Fragile "We": Ethical Implications of Heidegger's* Being and Time. Evanston, IL: Northwestern University Press.

Wilshire, B. (2004). *Get 'Em All, Kill 'Em!: Genocide, Terrorism, Righteous Communities*. Lanham, MD: Lexington Books.

Wittgenstein, L. (1953). *Philosophical Investigations*. Malden, MA: Blackwell Publishing.

Zahavi, D. (2005). *Subjectivity and Selfhood: Investigating the First-Person Perspective*. Cambridge, MA: MIT Press.

【附錄二】英文索引

編按：此英文索引所標示之數字為原文書頁碼，查閱時請對照貼近內文左右側之原文頁碼。

Psychotherapy 069

現象學的力量：
精神分析與存在哲學的深度反思
The Power of Phenomenology:
Psychoanalytic and Philosophical Perspectives
‧羅伯・史托羅洛（Robert D. Stolorow）、喬治・艾特伍（George E. Atwood）──著
李維倫、翁士恆──審閱　翁士恆、葉秉憲──譯

出版者一心靈工坊文化事業股份有限公司
發行人一王浩威　總編輯一徐嘉俊
責任編輯一饒美君
封面設計一兒日　內頁排版一龍虎電腦排版股份有限公司
通訊地址─10684 台北市大安區信義路四段 53 巷 8 號 2 樓
郵政劃撥─19546215　戶名一心靈工坊文化事業股份有限公司
電話─02）2702-9186　傳真─02）2702-9286
Email─service@psygarden.com.tw　網址─www.psygarden.com.tw

製版・印刷一中茂分色製版印刷事業股份有限公司
總經銷一大和書報圖書股份有限公司
電話─02）8990-2588　傳真─02）2290-1658
通訊地址─248 新北市五股工業區五工五路二號
初版一刷─2023 年 8 月　ISBN─978-986-357-308-1　定價─480 元

國家圖書館出版品預行編目資料

現象學的力量：精神分析與存在哲學的深度反思 / 羅伯・史托羅洛 (Robert D. Stolorow),
喬治・艾特伍 (George E. Atwood) 著；翁士恆、葉秉憲譯 . — 初版 . — 臺北市：心靈
工坊文化事業股份有限公司 , 2023.08
面；　公分 . --（Psychotherapy；069）
譯自：The Power of Phenomenology: Psychoanalytic and Philosophical Perspectives
ISBN 978-986-357-308-1（平裝）

1. CST: 現象學

143.67

112011145

心靈工坊 PsyGarden 書香家族 讀友卡

感謝您購買心靈工坊的叢書，爲了加強對您的服務，請您詳塡本卡，
直接投入郵筒（免貼郵票）或傳眞，我們會珍視您的意見，
並提供您最新的活動訊息，共同以書會友，追求身心靈的創意與成長。

書系編號—Psychotherapy 069　　　書名—現象學的力量：精神分析與存在哲學的深度反思

| 姓名 | 是否已加入書香家族？ □是 □現在加入 |

| 電話 (O) | (H) | 手機 |

| E-mail | 生日　　年　　　月　　　日 |

地址 □□□

服務機構　　　　　　　職稱

您的性別—□1.女 □2.男 □3.其他

婚姻狀況—□1.未婚 □2.已婚 □3.離婚 □4.不婚 □5.同志 □6.喪偶 □7.分居

請問您如何得知這本書？
□1.書店 □2.報章雜誌 □3.廣播電視 □4.親友推介 □5.心靈工坊書訊
□6.廣告DM □7.心靈工坊網站 □8.其他網路媒體 □9.其他

您購買本書的方式？
□1.書店 □2.劃撥郵購 □3.團體訂購 □4.網路訂購 □5.其他

您對本書的意見？
□ 封面設計　　1.須再改進 2.尙可 3.滿意 4.非常滿意
□ 版面編排　　1.須再改進 2.尙可 3.滿意 4.非常滿意
□ 內容　　　　1.須再改進 2.尙可 3.滿意 4.非常滿意
□ 文筆／翻譯　1.須再改進 2.尙可 3.滿意 4.非常滿意
□ 價格　　　　1.須再改進 2.尙可 3.滿意 4.非常滿意

您對我們有何建議？

□本人同意　　　　　　　（請簽名）提供（眞實姓名/E-mail/地址/電話/年齡/
等資料），以作爲心靈工坊（聯絡/寄貨/加入會員/行銷/會員折扣/等之用，
詳細內容請參閱http://shop.psygarden.com.tw/member_register.asp。

心靈工坊
心之|PsyGarden|

10684台北市信義路四段53巷8號2樓
讀者服務組　收

（對折線）

加入心靈工坊書香家族會員
共享知識的盛宴，成長的喜悅

請寄回這張回函卡（免貼郵票），
您就成為心靈工坊的書香家族會員，您將可以——

⊙隨時收到新書出版和活動訊息
....

⊙獲得各項回饋和優惠方案
....